TODOS OS POEMAS

PAUL AUSTER

Todos os poemas

Tradução e prefácio
Caetano W. Galindo

Introdução
Norman Finkelstein

1ª reimpressão

COMPANHIA DAS LETRAS

Copyright © 2004 by Paul Auster
Copyright da introdução © 2004 by Norman Finkelstein
Copyright do prefácio © 2013 by Caetano W. Galindo

Grafia atualizada segundo o Acordo Ortográfico da Língua Portuguesa de 1990, que entrou em vigor no Brasil em 2009.

Título original
Collected Poems

Capa
Victor Burton

Foto de capa
Cortesia do autor

Preparação
Márcia Copola

Revisão
Thaís Totino Richter
Jane Pessoa

Dados Internacionais de Catalogação na Publicação (CIP)
(Câmara Brasileira do Livro, SP, Brasil)

Auster, Paul
    Todos os poemas / Paul Auster ; tradução e prefácio Caetano
W. Galindo ; introdução Norman Finkelstein — 1ª ed. — São
Paulo : Companhia das Letras, 2013.

    Título original : Collected Poems
    ISBN 978-85-359-2217-2

    1. Auster, Paul, 1947 — 2. Autores norte-americanos 3. Poesia
norte-americana I. Galindo, Caetano W. II. Finkelstein, Norman.
III. Título.

12-14707   CDD-811.54

    Índice para catálogo sistemático:
    1. Autores norte-americanos : Poesia : Literatura
       norte-americana 811.54

[2022]
Todos os direitos desta edição reservados à
EDITORA SCHWARCZ S.A.
Rua Bandeira Paulista, 702, cj. 32
04532-002 — São Paulo — SP
Telefone: (11) 3707-3500
www.companhiadasletras.com.br
www.blogdacompanhia.com.br
facebook.com/companhiadasletras
instagram.com/companhiadasletras
twitter.com/cialetras

Sumário

9 Introdução — Norman Finkelstein
21 Prefácio — Da poesia de pedras; palavras, pardais
— Caetano W. Galindo

1970

31 RAIOS / *SPOKES* 31

1970-1972

61 DESTERRAR / *UNEARTH* 61

1971-1975

115 ESCRITOS NA PAREDE / *WALL WRITING* 115

117 Noites brancas *White Nights* 116
121 Matriz e sonho *Matrix and Dream* 120
123 Interior *Interior* 122
127 Pulso *Pulse* 126
129 Escriba *Scribe* 128
131 Coral *Choral* 130
133 Meridiano *Meridian* 132
135 Lackawanna *Lackawanna* 134
137 Mentiras. Decretos. 1972. *Lies. Decrees. 1972.* 136
141 Eclíptica. Les Halles. *Ecliptic. Les Halles.* 140

143 Dictum: após grandes distâncias
Dictum: After Great Distances 142

145 Viático *Viaticum* 144

147 Natureza-morta *Still Life* 146

149 Ante-visões *Fore-Shadows* 148

151 Irlanda *Ireland* 150

153 Prisma *Prism* 152

155 Escrito na parede *Wall Writing* 154

157 Descrição de outubro *Description of October* 156

159 Aliança *Covenant* 158

163 Sombra a sombra *Shadow to Shadow* 162

165 Provence: equinócio *Provence: Equinox* 164

167 Hieroglifo *Hieroglyph* 166

169 Branco *White* 168

171 Horizonte *Horizon* 170

173 Ascendente *Ascendant* 172

177 Sul *South* 176

179 Pastoral *Pastoral* 178

181 Incendiário *Incendiary* 180

183 Canção dos graus *Song of Degrees* 182

187 Fala ígnea *Fire Speech* 186

189 Lapsariano *Lapsarian* 188

193 No fim do verão *Late Summer* 192

195 Heraclitiana *Heraclitian* 194

197 Braile *Braille* 196

199 Das ruínas *Salvage* 198

201 Autobiografia do olho *Autobiography of the Eye* 200

203 Finados *All Souls* 202

1975

207 DESAPARECIMENTOS / *DISAPPEARANCES* 207

1976

231 EFÍGIES / *EFFIGIES* 231

1976-1977

245 FRAGMENTOS DE FRIO / *FRAGMENTS FROM COLD* 245

247 Luzes do Norte *Northern Lights* 246
249 Reminiscência de casa *Reminiscense of Home* 248
251 Cavalgando ao Oriente *Riding Eastward* 250
253 Gnomon *Gnomon* 252
257 Fragmento de frio *Fragment from Cold* 256
259 Aubade *Aubade* 258
263 Testemunho *Testimony* 262
265 Visível *Visible* 264
267 Meteoro *Meteor* 266
269 Transfusão *Transfusion* 268
273 Siberiano *Siberian* 272
275 Especular *Looking Glass* 274
277 Clandestino *Clandestine* 276
279 Pedreira *Quarry* 278

1978-1979

285 ENCARANDO A MÚSICA / *FACING THE MUSIC* 285

287 Credo *Credo* 286
289 Obituário no tempo presente
    Obituary in the Present Tense 288
293 Narrativa *Narrative* 292
295 S.A. 1911-1979 *S.A. 1911-1979* 294
297 Busca de uma definição *Search for a Definition* 296

303 Entrelinhas *Between the Lines* 302
305 Em memória de mim *In Memory of Myself* 304
307 Alicerce *Bedrock* 306
309 Encarando a música *Facing the Music* 308

1979

317 ESPAÇOS EM BRANCO / *WHITE SPACES* 317

1967

341 ANOTAÇÕES DE UM CADERNO DE RASCUNHOS /
NOTES FROM A COMPOSITION BOOK 341

Introdução

Norman Finkelstein

I

Muito antes de Paul Auster usar *A música do acaso* como título de um de seus romances, a obra dele já era uma manifestação dessa expressão. Em toda a sua carreira, sua literatura teve a trilha sonora daquela música e simultaneamente se opôs a ela: uma investigação extática e assustadora do acaso e da resistência a seu poder. Quanto crédito devemos dar à coincidência? E se nos negarmos a lhe dar crédito, será que a crença no determinismo é nossa única alternativa? E como um escritor tiraria música dessa situação? Há muitos anos a obra de Auster vem caminhando satisfeita entre os polos que essas crenças representam, sendo salva do meramente filosófico pela confiança, graça e aguda noção de *timing* de um narrador nato. Auster teve tanto sucesso em dar vida a esse debate intelectual — e, ao fazer isso, nos deu uma ficção que está entre as mais envolventes de nosso tempo — porque o acaso e sua alternativa igualmente intimidante, o destino, não foram apenas temas que decidiu abordar em seus romances. Na verdade, como ele mesmo atesta em entrevistas e obras autobiográficas, o acaso e o destino tiveram tudo a ver com o trajeto, literalmente, de sua carreira, muito mais do que no caso da maioria dos escritores. E isso vale sobretudo para a sua passagem da poesia para a prosa.

Como ele conta em *Da mão para a boca*, Auster já tentava escrever ficção na adolescência, mas a maior parte de seus esforços literários durante o que normalmente consideraríamos os anos de formação de um escritor, seus vinte e poucos anos, foi dedicada ao que agora temos diante de nós com o título de *Todos os poemas*. Entre 1974 e 1980 ele publicou seis coletâneas e livretos, uma obra substancial e muito original. Influenciada por um seleto grupo de precursores, tanto americanos (Dickinson, Reznikoff, Oppen, Olson) quanto europeus (Celan, Mandelstam, os surrealistas franceses), ela é uma poesia que se desenvolve com velocidade, seguindo uma trajetória que vai do seco e furioso ao aberto e reconciliado, aos mínimos reduzidos do mundo e da língua, e a um generoso adeus.

Mas ela acaba, definitivamente acaba. Como ele relata numa maravilhosa entrevista concedida a Larry McCaffery e Sinda Gregory (em *A arte da fome*), em 1978, com um casamento que desmoronava, um filho pequeno e terríveis problemas financeiros, Auster tinha praticamente parado de escrever. Aí, em dezembro, por acaso ele assistiu a um ensaio de um espetáculo de dança coreografado por uma amiga de um amigo. Ficou tão inspirado pela dança que começou a escrever *Espaços em branco*, "um pequeno texto", em suas palavras, "sem um gênero claro — que era uma tentativa de minha parte de traduzir em palavras a experiência daquela performance coreográfica. Foi uma libertação para mim, uma imensa leveza, e hoje eu considero aquele momento a ponte entre a poesia e a prosa". Mas não acaba aí. *Espaços em branco* ficou pronto na madrugada de 15 de janeiro de 1979. ("Uns poucos pedaços de papel. Um último cigarro antes de ir deitar. A neve caindo infinita na noite de inverno. Permanecer no reino do olho nu, feliz como estou neste exato momento.") Bem cedo, na manhã seguinte, Auster ficou sabendo da morte repentina do pai na noite anterior. A herança que recebeu o liberou temporariamente das preocupações financeiras e lhe deu o tempo de que precisava para trabalhar na prosa que achava ter abandonado permanentemente. Ele se dedicou a escrever *A invenção da solidão* — um monumento, como ele me disse, à primeira vida dele — e daí partiu para *A trilogia de Nova York*, que, assim como *No país das últimas coisas* e *Moon Palace*, já tinha trechos em gestação havia muitos anos.

Terá sido o acaso ou o destino quem levou Auster àquele ensaio de dança, de onde surgiu a misteriosa libertação que *Espaços em branco* representou? Terá sido coincidência o trabalho ter ficado pronto bem quando seu pai falecia? E, à luz desses eventos, essa clássica trama austeriana da passagem de uma fase da vida para a seguinte, como devemos ler sua poesia? "Continuo muito ligado à poesia que escrevi", diz Auster na mesma entrevista. "Eu ainda me orgulho dela. Pensando bem, pode ser a melhor coisa que eu já fiz." De fato, trata-se de poemas inquietantes, desafiadores, aos quais eu, pelo menos, vivo voltando, ao mesmo tempo em que aguardo ansioso e devoro cada um dos novos romances de Auster. Os fãs de Auster (sim, trata-se de um escritor que tem não somente leitores, mas fãs) já leram pelo menos a poesia de *Desaparecimentos*; eles ficarão satisfeitos de ver todos os poemas agora reunidos neste volume. Aqueles que estão apenas começando a conhecer o mundo dele, depois de ler talvez um ou dois romances, eu os convido a se deter e considerar o mundo desse autor pela via de seus poemas, pois, como diz Auster, "poesia é como tirar fotografias, enquanto prosa é como rodar um filme". E os leitores sérios de poesia — o público que eu sempre procuro, tanto como poeta quanto como crítico — deveriam prestar muita atenção neste livro, deveriam lê-lo cuidadosamente, lê-lo com prazer, e contemplá-lo em sua relação com a paisagem poética mais ampla de nosso tempo.

II

"O mundo está em minha cabeça. Meu corpo está no mundo."
Paul Auster, *Anotações de um caderno de rascunhos* (1967)

O autor de pouco mais de vinte anos que escreve essa proposição, imerso em Wittgenstein, Merleau-Ponty e na prosa de Charles Olson, logo produzirá o que de início pode parecer uma poesia intimidantemente abstrata. Mas, como Olson (como em "In Cold Hell, In Thicket" e "As the Dead Prey Upon Us") e, em chave similar, como os objetivistas, Auster tenta alcançar o real, e sua poesia encena esse processo. Ele busca sair do mundo de sua cabeça e tocar o mundo que ele sabe que seu corpo habita, tendo a linguagem, como ele percebe, como seu único "meio de organizar a experiência". "O olho vê o mundo em fluxo", escreve esse estudante da percepção. "A palavra é uma tentativa de deter o fluxo, de estabilizá-lo. E no entanto persistimos em tentar traduzir a experiência em linguagem. Daí a poesia, daí os enunciados da vida cotidiana. Essa é a fé que evita o desespero universal — e também o provoca." Como Auster já reconhece (e acho que se trata de uma chave para sua poesia e sua prosa), há uma relação fundamental entre os enunciados poéticos e os mundanos, e essa relação me leva a questionar nossa noção inicial das intensidades abstratas dessa poesia.

Um fato: a casa da família Auster em Nova Jersey, onde Paul passou a adolescência — e onde o casamento de seus pais pouco a pouco desmoronou —, ficava tão perto de uma pedreira que ele podia com frequência ouvir as explosões ("Picaretas pontuam a pedreira — marcas gastas/ Que não alcançaram cifrar a mensagem./ A disputa açulou suas letras,/ E as pedras, cingidas de abuso,/ Memorizaram a derrota"). Um fato: muitos desses poemas foram escritos em meio às paisagens rochosas do sul da França, onde, como ele relata em *O caderno vermelho*, Auster e sua companheira quase morreram de fome, trabalhando como zeladores na fazenda de um casal americano que morava em Paris ("Clara-noite: o osso e o alento/ transparentes"). Um fato: Auster frequenta a Universidade Columbia durante o caos dos protestos do fim dos anos 60. A dúvida em relação à autoridade, a política do ódio, geram o que Auster me diz ser o "subtexto anarquista radical" de *Desterrar* ("com mãos imbecis te arrastaram/ à cidade e lá te ataram neste/ nó de gíria, e deram/ nada. Tua tinta aprendeu/ a dureza do muro"). Um fato: alguns anos depois, com a tempestade de Watergate se formando no horizonte, ele acompanha os resultados da eleição com outros americanos na embaixada de Paris, vendo Nixon se reeleger com a vitória mais acachapante da história dos Estados Unidos. Chocado, Auster escreve "Mentiras. Decretos. 1972.". ("Imagina:/ nem agora/ ele arrepende-se/ da jura, nem/ agora, quando volta tartamudo, sem testemunhas, a seu/ trono ressurrecto.")

Assim, o pétreo mundo interior é surpreendentemente coerente com o mundo exterior igualmente pétreo. Os estranhos encontros com um Outro, que inspiram vários poemas, são menos encontros com *Doppelgängers* românticos e *femmes fatales* que relatos de um jovem inquieto, formidavelmente inteligente, que está determinado a fazer um contato duradouro com o mundo de fora de sua cabeça. Às vezes o "tu" é uma amante; às vezes pode ser ele mesmo. Às vezes é uma relação literária, como quando se dirige a Celan em "Branco", ou a Mandelstam em "Siberiano". Mas em todos os casos a urgência da comunicação, combinada a um respeito inato (honra *e* medo) pela linguagem, é tão grande que ele se vê, como declara no fim de "Lapsariano", "de pé no ponto/ em que o olho mais cruel defende/ sua fortaleza". De fato, à medida que a poesia se aproxima de seu fim, num poema chamado, adequadamente, "Pedreira", é "O mundo/ que caminha em mim" que se tornou "um mundo além do alcance". À medida que Auster busca abraçar o mundo exterior, manter a interioridade lírica se torna o grande problema. Os poemas, como ele disse a McCaffery e Gregory, "eram uma busca pelo que eu chamaria de uma expressão monovocal. [...] Eles tratavam de crenças fundamentais, e o objetivo deles era atingir uma pureza e uma consistência de linguagem. A prosa, por outro lado, me dá oportunidade de articular meus conflitos e contradições". Assim, um dos mais "franceses" entre os poetas recentes, com seus propósitos mallarmaicos quanto à pureza linguística, abre caminho para a imaginação dialógica do romancista. E, como Auster confirma: "De todas as teorias do romance, a de Bakhtin me parece a mais brilhante, a que chega mais perto de entender a complexidade e a magia da forma romanesca".

Em retrospecto, isso pode dar uma pista quanto ao título do último volume de poesia de Auster, *Encarando a música*. Algo está se fechando, algo está se abrindo nesses poemas memoráveis; a sensação de mudança é palpável. Os primeiros versos de "Narrativa" parecem a abertura de um de seus primeiros romances ("Porque o que acontece jamais acontecerá,/ e porque o que aconteceu/ infinitamente acontece de novo..."). O luto pela morte do pai aparece com a mais elevada autoconsciência ("Como se a primeira palavra/ só viesse depois da última..."); algumas páginas depois vem uma elegia beckettiana ao "eu" do poeta ("Simplesmente ter parado"). Ou talvez seja uma elegia ao eu *poético*. Em "Busca de uma definição", a voz declara:

> [...] *jamais será*
> *questão*
> *de tentar simplificar*
> *o mundo, mas uma forma de buscar um lugar*
> *por onde entrar no mundo, uma forma de estar*
> *presente*
> *entre as coisas*
> *que não nos querem* [...]

Como esses versos indicam, a essa altura Auster aprendeu a lição dos objetivistas, em especial de George Oppen, brilhantemente. Mas a tentar uma legítima sequência lírica como *Of Being Numerous*, ele prefere seguir na direção do "alhures" da prosa narrativa. Daí o que me parece ser o incrível páthos de "Encarando a música", um adeus à poesia raras vezes visto na literatura moderna:

> *Impossível*
> *ouvir agora. A língua*
> *para sempre nos afasta*
> *de onde estamos, e em lugar nenhum*
> *podemos repousar*
> *nas coisas que nos é dado*
> *ver, pois cada palavra*
> *é outro lugar, coisa que se move mais*
> *rápido que o olho* [...]

III

Para mim é difícil separar a leitura desses poemas de meu próprio começo como poeta. Meu primeiro encontro com a poesia de Auster aconteceu em 1976, numa pequena revista chamada *The Mysterious Barricades*, editada por Henry Weinfield, o poeta, crítico e tradutor que foi meu primeiro professor de redação criativa. Henry tinha aceitado três poemas meus para publicação. Antes disso, meu trabalho só aparecera em revistas de alunos, e eu li o volume da primeira à última página, inclusive cinco poemas de *Escritos na parede*, de Auster, que seria publicado no ano seguinte. Os poemas de Auster estavam entre os mais envolventes, junto dos oito poemas de William Bronk, cuja poesia eu já conhecia, e dos do próprio Weinfield. Eu me lembro de ir procurar a palavra "viático" e de descobrir seu sentido especificamente católico ("a Eucaristia, quando dada a um moribundo ou alguém em risco de vida"), assim como seu sentido mais geral ("mantimentos para uma jornada"). Auster havia usado a palavra como título de um poema, e eu achava que ela se equilibrava perfeitamente entre o terror e a compaixão. Fiquei igualmente tocado por "Branco", que eu só depois entenderia ser um tributo à memória de Celan, e por "Ascendente", com suas apropriações vigorosamente confiantes da tradição judaica ("A vela do sabá/ arrancada de tua garganta"). Ali estava um poeta, eu pensei, que tinha tanto um alcance incomum quanto um estilo muito afiado. Fui atrás de todos os seus livros.

Só fui escrever para Auster em 1979. Naquela época, estava procurando textos para a *Daimon*, uma revista que eu coeditava com outros membros de um grupo fugaz mas muito ativo de jovens escritores que se chamava Coletivo de Poesia de Atlanta. Ele cordialmente me enviou o que continua sendo um de meus favoritos entre seus poemas, o eletrizante *midrash* sobre a figura bíblica de Jacó intitulado "Entrelinhas". Ironicamente, a *Daimon* fechou antes de podermos publicar o poema, mas aqueles versos condensados e encantatórios ficaram em minha memória, e quase vinte anos depois eu emprestaria três deles ("até o sétimo ano/ além do sétimo ano/ do sétimo ano") para um longo movimento de meu poema serial *Track*, um movimento com sete partes de sete poemas cada, tendo cada poema sete versos — um movimento, claro, que tratava de sorte e acaso.

Nesse ínterim, Paul e eu continuamos a nos corresponder; nós nos encontramos várias vezes em Nova York, e em 1986 ele veio a Cincinnati para uma leitura na Universidade Xavier. Quando *Desaparecimentos* foi publicado, eu escrevi um ensaio sobre sua poesia, uma de minhas únicas análises mais alentadas dessa parte crucial da obra de Auster. (Esse texto está em *Beyond the Red Notebook: Essays on Paul Auster*, editado por Dennis Barone.) Os anos passaram, e nós perdemos contato. Um dia, em abril deste ano, recebi um livro pelo correio: *Paul Auster endeckt Charles Reznikoff*, um volume da poesia de Reznikoff selecionada por Auster e traduzida para o alemão ("Wie Saloman/ habe ich die Sprache von Fremden geheiratet und geheiratet;/ keine ist wie du, Sulamit"). Abri o livro e encontrei este bilhete:

Norman —
  Anos e mais anos... Numa bela reviravolta, foi Michael Palmer que me deu seu endereço atual.
  Reznikoff em alemão. Achei que você podia querer um exemplar — e lhe mando um com todas as lembranças agradáveis e felizes dos dias que passamos juntos há tanto tempo.
    Seu, sempre —

        Paul A.

Era mais uma coincidência, já que meu livro sobre a poesia judaico-americana, que tinha vários capítulos sobre Reznikoff, havia saído menos de um ano antes. Meu interesse inicial em Reznikoff nascera da leitura de "The Decisive Moment", um ensaio mais antigo de Auster sobre a poesia daquele autor, e eu tinha voltado ao ensaio enquanto pensava de meu próprio ponto de vista sobre aquela obra ilusoriamente simples. E assim, aproximada por antigos afetos, nossa amizade ressurgiu.

O fato de Auster, entre os muitos escritores perspicazes de sua geração, ter sido um dos primeiros e mais ardorosos leitores de Reznikoff e dos outros objetivistas não me surpreende. Tampouco a admiração dele por Laura Riding, por William Bronk, Celan, Jabès e, claro, por Beckett. Pensando agora sobre a poesia de Auster à luz de seus ensaios presentes em *A arte da fome*, e à luz da história singular desta poesia, eu compreendo que ela se constitui de uma voz solitária que fala para o silêncio. É um silêncio que tem ele próprio uma história complexa, a qual muitas vezes se liga aos episódios mais terríveis dos tempos modernos. Por fim, ele estabelece residência dentro do poeta e exige ser reconhecido. Acredito que ouvimos Auster se dirigir ao silêncio em "Testemunho", quando ele fala de

> [...] *como te posso livrar*
> *desse ocultamento, e te provar*
> *que não estou*
> *mais só,*
> *que não estou*
> *nem perto de mim*
> *mais.*

À medida que atrai seus leitores, ele de fato não mais está só. E, por mais que a voz desses poemas possa soar isolada, nós também não estamos mais sós quando estamos perto deles.

Cincinnati, Ohio, 2003

Da poesia de pedras; palavras, pardais

Caetano W. Galindo

No primeiro contato que tive com o autor, antes mesmo do início da tradução deste volume de sua poesia completa em português, Paul Auster delicadamente sugeriu especial atenção a estes poemas. No que, espero, tenha sido atendido.

Escrita toda há mais de trinta anos, a poesia de um escritor que veio posteriormente a se firmar como um dos nomes mais respeitados da prosa de ficção, do ensaísmo e, mais recentemente, do discurso memorialista na literatura norte-americana poderia parecer apenas um artigo de museu. Um documento da formação de um artista quando jovem; algo efetivamente *superado* por sua densa e fértil produção em prosa. Aquele pedido do escritor, no entanto, assim como suas declarações sempre que se refere a esta parte de sua obra, aponta para uma relação afetiva e, por que não?, qualitativa com a amostra de seus primeiros trabalhos literários.

O jovem Paul Auster, afinal, planejava se dedicar integralmente à poesia.

E pode-se até dizer, ao ler os poemas aqui presentes, que ele de fato realizou esse desejo, e se dedicou plenamente ao verso, fazendo a transição para a prosa de ficção, inicialmente, não por causa de alguma frustração ou de alguma constatação dos limites de seus esforços poéticos ou do *medium* da poesia, mas sim em função de um esgotamento de seu discurso naquele meio.

O que novamente transformaria essa poesia (um discurso que se esgotou, afinal) em mera documentação de *juvenilia*? De um autor que tinha tão pouco a dizer que a produção de cerca de uma década de sua juventude chegou a esgotar essa *fonte*?

Longe disso.

O caso é que a poesia de Auster se dedica desde seus primeiros momentos a uma investigação radical dos átomos da linguagem e do mundo. A insistente presença de pedras, palavras, respiração como temas e imagens de seus poemas aponta para um exame detido dos elementos mais básicos do mundo e dos homens, e do mundo dos homens.

Uma poesia que apontasse sua sempre poderosa lente para toda a realidade, para todo o cotidiano, para toda a história, teria, como tem, alcance e material inesgotáveis. Quando, no entanto, ela se dedica a examinar não a paisagem mas o monte, não o monte mas a pedreira, não a pedreira mas a pedra, ela há de tender a certa contenção e, também, há de encarar a possibilidade ominosa do esgotamento da questão que pretendia investigar.

Paisagens são inesgotáveis. Pedreiras se exaurem.

E, como toda investigação, esta também pode chegar a conclusões. E, conclusa, fechar-se, cerrar-se, encerrar-se.

Vista assim, a poesia de Paul Auster é menos um exercício de estilo e mais uma rotina filosófica, espécie de depuração conceitual e linguística, um intencional mergulho no grau zero de uma escrita que pretendia se solapar exatamente ao mesmo tempo em que se instaurava. Vista assim, sua passagem para a prosa é também menos consequência que sobrevivência.

O Paul Auster poeta não abriu caminho para o Paul Auster prosador. Também não se transformou neste. O Paul Auster poeta foi o estágio necessário de investigação, meditação, recolhimento e aniquilação que, realizado até seu mais pleno potencial, deixou o autor em meio a uma paisagem vazia, despido, sem possibilidades próprias.

E é disso que se faz o romance, afinal. Das vozes, dos fatos, das vidas, das possibilidades dos outros. Todos.

Em vez daquela "voz solitária que fala para o silêncio" que Norman Finkelstein agudamente lê na poesia de Auster, sua prosa terá de ser tecida de inúmeras vozes que se interpovoam e se falam em grande algazarra. Como diria Mikhail Bakhtin, teórico de predileção do próprio Auster, talvez seja apenas implodindo sua própria voz que um autor se transforme no coligidor de vozes que é o romancista.

Para ele, parece ter sido.

Como Wittgenstein (outro autor de predileção de Auster), ele aparentemente seguiu um caminho que o conduziu a um experimento de esgotamento de uma linguagem, uma tentativa de levar a sua mais plena realização um modelo e uma leitura do mundo baseados em certas prerrogativas centralizadoras para, depois disso, destruir essa persona e abraçar uma nova possibilidade: do vário, do múltiplo, do periférico e radial.

Se para Wittgenstein o mundo a ser morto era o de

Frege e Russell (e matá-lo consistia não em negá-lo, mas em fazer com que ele, como o aventureiro Peter Freuchen, citado em *Espaços em branco*, se afogasse em sua própria respiração, vivesse até que sua vida o matasse, crescesse até implodir), para Auster pode ter sido o de Mallarmé e Beckett. Se o segundo Wittgenstein se abre muito mais e se transforma não em lei, preceito, axioma e silogismo, mas em diálogo, o segundo Auster, que nós frequentamos há mais de três décadas, segue exatamente os mesmos passos do autor que tão claramente inspirou seu primeiro texto poético, o qual encerra (nos dois sentidos do termo, já que aqui ele fecha o volume) suas primeiras reflexões filosóficas e poéticas.

Traduzir estes poemas foi uma responsabilidade das mais gratas.

Se, de um lado, a poesia de Auster não se marca nem por um uso rígido de recursos métricos e rímicos nem (como no caso de seu contemporâneo Paul Muldoon, por exemplo) por um permanente flerte com os usos mais densos, tensos, diagonais e marginais desses mesmos recursos, de outro ela também passa longe de uma retórica e uma versificação que evoquem a prosa cindida em versos.

Por mais que se possa pensar nela como uma poesia do *o quê*, em oposição a uma poesia do *como* (categorias, claro, que sem seu grão de sal não descrevem acabadamente poética alguma), ela se realiza, se *diz* sempre por meio de uma expressão cuidadosíssima, atenta como poucas à seleção vocabular, a um uso extremamente competente e variado das quebras de versos e divisões de estrofes (marca distintiva dos usos mais férteis e complexos daquilo que Paulo Henriques Britto chama de *verso livre moderno*), bem como a variados e sutis efeitos sonoros de todo tipo, que jamais roubam a cena e sufocam o texto em forma, mas invariavelmente transparecem, vestindo em *sonoridade* os melhores momentos dos poemas de Auster.

Leonard Bernstein disse que Beethoven não era um grande melodista, não era um revolucionário harmonizador; o que ele sabia como ninguém, no entanto, era qual nota devia vir depois de qual. A poesia de Auster raramente chama a atenção para sua forma, para si própria, de maneira simples e meramente virtuosística. Ela, contudo, sempre soa extremamente bem quando lida em voz alta. Soa sempre irretocável.

E foi esse, na verdade, o principal critério que guiou as escolhas desta tradução.

Diante da inexistência de um metro definido, da incontornável incapacidade de manter em português (uma língua de polissílabos) a secura da monossilábica prosódia inglesa, e lembrando sempre aquela ênfase no *dito*, que me pareceu central para o autor, não tentei reproduzir os tamanhos e as medidas dos versos. Por outro lado, as divisões de versos e estrofes foram mantidas com um rigor que normalmente não se alcança em traduções que respeitem metro e rima. A não ser onde a sintaxe portuguesa fosse gerar um resultado excessivamente canhestro, todas as quebras de linhas e estrofes seguem as originais.

No que se refere aos efeitos sonoros, à constante busca por aquela *sonoridade* definida em aliterações, ecos e assonâncias, o que esta tradução tem talvez de singular entre as traduções de poesia é o fato de, por estarmos lidando não com uma seleção ou até um livro de determinado autor, mas com uma obra completa, acabada, eu ter podido me servir, sempre que isso pareceu uma possibilidade de atender às necessidades de *riqueza* vocabular e sonora do original, de um recurso frequentemente utilizado na tradução de prosa, mais extensa, *compensando* certas impossibilidades de um trecho em outro momento da obra.

A poesia de Auster é bonita sonoramente e é vocabularmente preciosa, mas não é jamais preciosista. Assim, onde manter determinado efeito causaria excessivo estranhamento sintático, lexical ou retórico, acabei optando pelo simples, pelo seco, que tanto agradam ao autor, mesmo que em função disso eu tenha me dado o direito de não fechar os olhos (e os ouvidos) a possibilidades sonoras ou semânticas que depois se anunciassem imprevistas em outro poema, de outro momento, abraçando de bom grado o que se apresentava em português como novo.

É portanto muito possível (além de sempre provável) que traduções isoladas de poemas individuais do autor atinjam níveis mais elevados de acabamento formal. No entanto, como sabe todo tradutor de poesia, isso sempre terá vindo a um certo custo — normalmente semântico-retórico, no que se refere ao texto original; e sintático, no que se refere à tradução —, e me pareceu que, diante da oportunidade de oferecer ao leitor um painel completo da poesia de Paul Auster, optar pelas soluções mais pontualmente efetivas em lugar de tentar privilegiar o impacto desses poemas como *obra* poderia baratear o procedimento, transformando a tradução numa empresa muito mais *virtuosística* e, assim, descabida do que seu original jamais terá sido.

No tratamento dos vários compostos hifenizados do autor, por exemplo, o mesmo critério se aplicou, numa tentativa de simultaneamente respeitar o grau geral de inventividade dos poemas sem no entanto chamar demais a atenção para a *superfície* do texto, o que inevitavelmente resultaria de uma tentativa de reproduzir todos eles segundo as regras da morfologia inglesa, em que é mais natural esse recurso.

É claro que diversos outros fatos se apresentaram e poderiam ser comentados aqui, coisas como a tentativa de manter sempre que possível a ambiguidade de gênero dos pronomes ingleses (consultando o autor para as decisões incontornáveis), ou a difícil escolha de traduzir a recorrente palavra "word" ora por "palavra" ora por "verbo", retomando o sentido bíblico do Evangelho de João apenas quando me pareceu estritamente necessário. Mas me estender neste relato não deixaria de ser mais uma vez chamar demais a atenção para um *como*.

Só gostaria ainda de dizer, para dar crédito a quem crédito merece, que trazer um poeta para o Brasil é trazer também sua poesia para a poesia brasileira. É extremamente difícil não ouvir ecos de certo João Cabral nos primeiros poemas de Auster e, ao menos para mim, ele se tornou em determinados momentos uma sombra tão ruidosa quanto a de Beckett. Conscientemente, no entanto, não há *empréstimos* cabralinos na tradução. Drummond, por outro lado, cedeu um ou dois achados, pelos quais não me desculpo mas dos quais me sirvo como inestimável ajuda no processo de transformar em *poesia* essa *poetry*.

Dito isso, ora, que os poemas se defendam sozinhos.

A poesia de Auster tem algo a dizer. E é no tentar dizê-lo que esta tradução pretende estar a sua altura.

SOBRE O TRADUTOR

CAETANO W. GALINDO nasceu em 1973 em Curitiba, onde mora com sua mulher. Desde 1998 é professor da Universidade Federal do Paraná. Como tradutor, já verteu para o português obras de autores como Charles Darwin, Thomas Pynchon, Tom Stoppard e David Foster Wallace. É pai de uma filha e de alguns textos acadêmicos sobre tradução, teoria do romance e sobre a obra de James Joyce, de quem traduziu *Ulysses*.

1970

RAIOS

SPOKES

1.

Roots writhe with the worm—the sift
Of the clock cohabits the sparrow's heart.
Between branch and spire—the word
Belittles its nest, and the seed, rocked
By simpler confines, will not confess.
Only the egg gravitates.

1.

Raízes agonizam entre vermes — o crivo
Da hora convive no peito de um pardal.
Entre ramo e espira — a palavra
Apequena seu ninho, e a semente, ninada
Por lindes mais simples, não vai confessar.
Apenas o ovo gravita.

2.

In water—my absence in aridity. A flower.
A flower that defines the air.
In the deepest well, your body is fuse.

2.

Em água — minha ausência em aridez. Uma flor.
Uma flor que define o ar.
No poço mais fundo, teu corpo é estopim.

3.

The bark is not enough. It furls
Redundant shards, will barter
Rock for sap, blood for veering sluice,
While the leaf is pecked, brindled
With air, and how much more, furrowed
Or wrapped, between dog and wolf,
How much longer will it stake
The axe to its gloating advantage?

3.

A casca não basta. Engasta
Lascas redundantes e troca
Pedra por seiva, sangue por eclusa em fuga,
Enquanto a folha se fura, se malha
De ar, e tanto mais, sulcada
Ou envolta, entre lobo e cão,
Por quanto mais há de estacar
A vã vantagem do machado?

4.

Nothing waters the bole, the stone wastes nothing.
Speech could not cobble the swamp,
And so you dance for a brighter silence.
Light severs wave, sinks, camouflages—
The wind clacks, is bolt.
I name you desert.

4.

Nada rega o caule, a pedra nada perde.
Falar não calçaria a lama,
Logo danças por um calar mais claro.
Cliva a luz a vaga, naufraga, camufla —
O vento discursa, é travado.
Teu nome será deserto.

5.

Picks jot the quarry—eroded marks
That could not cipher the message.
The quarrel unleashed its alphabet,
And the stones, girded by abuse,
Have memorized the defeat.

5.

Picaretas pontuam a pedreira — marcas gastas
Que não alcançaram cifrar a mensagem.
A disputa açulou suas letras,
E as pedras, cingidas de abuso,
Memorizaram a derrota.

6.

Drunk, whiteness hoards its strength,
When you sleep, sun drunk, like a seed
That holds its breath
Beneath the soil. To dream in heat
All heat
That infests the equilibrium
Of a hand, that germinates
The miracle of dryness...
In each place you have left
Wolves are maddened
By the leaves that will not speak.
To die. To welcome red wolves
Scratching at the gates: howling
Page—or you sleep, and the sun
Will never be finished.
It is green where black seeds breathe.

6.

Ébrio, o branco guarda sua força,
Quando dormes, ébrio de sol, qual semente
Que perde o alento
Sob o solo. Sonhar no cio
Todo o calor
Que infesta o equilíbrio
De uma mão, que germina
O milagre do seco...
Em cada ponto que deixaste
Os lobos enlouquecem
Com as folhas que não falam.
Morrer. Acolher fulvos lobos
Que arranham as portas: uivos
Na folha — ou dormes, e o sol
Jamais verá seu fim.
É verde onde respiram sementes negras.

7.

The flower is red, is perched
Where roots split, in the gnarl
Of a tower, sucking in its meager fast,
And retracting the spell
That welds step to word
And ties the tongue to its faults.
The flower will be red
When the first word tears the page,
Will thrive in the ooze, take color,
Of a lesioned beak, when the sparrow
Is bloodied, and flies from one
Earth into the bell.

7.

A flor é vermelha, pousa
Onde cindem-se raízes, no nó
De uma torre, sorvendo seu parco jejum,
Retirando o feitiço
Que funde o passo à palavra
E ata a língua a suas falhas.
A flor será vermelha
Quando a primeira palavra rasgar a folha,
Vai viver do que vaza, ganhar cor,
De um bico lesionado, quando o pardal
Virar sangue, e voar de uma
Terra para o sino.

8.

Between the sparrow and the bird without name:
its prey.

Light escapes through the interval.

8.

Entre o pardal e o pássaro sem nome:
sua presa.

Pelo intervalo escapa a luz.

9.

Each trance pales in the hub, the furtive
Equinox of names: pawl
Thwarting ratchet—jarring skies that orb
This austere commerce with wind.
Lulls mend. But gales nourish
Chance: breath, blooming, while the wheel scores
Its writing into earth. Bound back
To your feet. Eyes tend soil
In the cool of dying suns. The song
Is in the step.

9.

Todo transe põe-se pálido entre os raios, o furtivo
Equinócio dos nomes: dente
Frustrando engrenagem — chocando céus que globam
Esse austero escambo com o vento.
Bonanças curam. Mas borrascas nutrem
O acaso: alento, em flor, enquanto a roda corta
Seu texto na terra. Põe-te de
Volta de pé. Olhos zelam solo
No frescor de sóis que morrem. O canto
Está no passo.

10.

Embering to the lip
Of nether sky—the undevoured nest-light
Ebbs to sustenance: from the sparrow
To the bird without name, the interval
Is prey—smoke
That softens coals, unlike the sect
Of wings, where you beat, smoke wed
To glow—in the sparrow's memory
It perfects the sleep of clouds.

10.

Embrasando ao lábio
Do baixo-céu — a luz-ninho indevorada
Cresce em vaga por nutrir: do pardal
Ao pássaro sem nome, o intervalo
É presa — fumo
Que amansa o carvão, ao contrário da seita
De asas, onde bates, fumo esposado
Com brilho — na memória do pardal
Aprimora o sono das nuvens.

11.

To see is this other torture, atoned for
In the pain of being seen: the spoken,
The seen, contained in me refusal
To speak, and the seed of a single voice,
Buried in a random stone.
My lies have never belonged to me.

11.

Ver é mais essa tortura, redimida
Na dor de ser visto: o dito,
O visto, contido na recusa
De falar, e a semente de um só som,
Inumada numa pedra à toa.
Minhas mentiras jamais me pertenceram.

12.

Into the hub the shell implodes,
Endures as a pun of loam and rock,
Rising as stick, to invade, to drive
Out the babble that worded its body
To emerge, to wait for future
Blows—city in root, in deed, unsprung, even out
Of the city. Get out. The wheel
Was deception. It cannot turn.

12.

Implode no cubo a concha.
Resiste num chiste entre lodo e pedra,
Erguendo-se estaca, por invadir, por
Expulsar o balbucio que fez verbo do corpo
Que emerge, que aguarda futuros
Golpes — cidade em raiz, em ato, sem broto, nem mesmo
Da cidade. Sai. A roda
Era fraude. Não pode rodar.

13.

The egg limits renunciation, cannot
Sound in another's ringing, the least
Hammering, before the wail slits
Its course, and the eye squanders
The subterfuge of a longer lamp.
Lifted into speech, it carries
Its own birth, and if it shatters
Acclaim its fall and contradiction.
Your earth will always be far.

13.

O ovo limita a renúncia, não pode
Soar ao tom de um outro, o menor
Martelar, antes que talhe o lamento
Seu veio, e o olho dissipe
O engodo de uma lâmpada mais longa.
Alçada em fala, ele porta
O próprio parto, mesmo que parta
O renome, sua queda e contradita.
Tua terra será sempre longe.

1970-1972

DESTERRAR

UNEARTH

1.

Along with your ashes, the barely
written ones, obliterating
the ode, the incited roots, the alien
eye—with imbecilic hands, they dragged you
into the city, bound you in
this knot of slang, and gave you
nothing. Your ink has learned
the violence of the wall. Banished,
but always to the heart
of brothering quiet, you cant the stones
of unseen earth, and smooth your place
among the wolves. Each syllable
is the work of sabotage.

1.

Com tuas cinzas, as que mal
foram escritas, obliterando
a ode, incitadas raízes, alheio
olho — com mãos imbecis te arrastaram
à cidade e lá te ataram neste
nó de gíria, e deram
nada. Tua tinta aprendeu
a dureza do muro. Banido,
mas sempre ao coração
do incômodo silêncio, triscas as pedras
da terra não vista, e ajeitas teu leito
entre os lobos. Cada sílaba
é ato da sabotagem.

2.

Flails, the whiteness, the flowers
of the promised land: and all
you hoard, crumbling at the brink
of breath. For a single word
in air we have not breathed, for one
stone, splitting with the famine
inside us—ire,
out of bone's havoc, by which we kin
the worm. The wall
is your only witness. Barred
from me, but squandering nothing,
you sprawl over each unwritten page,
as though your voice had crawled
from you: and entered the whiteness
of the wail.

2.

Esbate-se, o branco, as flores
da terra prometida: e tudo
que acumulas, desmoronando à beira
do alento. Por uma só palavra
no ar não respiramos, por uma
pedra, fendida pela fome
que há em nós — ira,
do caos do osso, que nos aparenta
ao verme. O muro
é nossa única testemunha. Proibido
para mim, mas sem desperdiçar,
tu te alongas sobre cada folha em branco,
como se a voz rastejasse
de ti: e entrasse no branco
do pranto.

3.

The blind way is etched
in your palm: it leads to the voice
you had bartered, and will bleed, once again
on the prongs of this sleep-hewn
braille. A breath
scales the wick of my stammering,
and lights the air that will never
recant. Your body is your own
measured burden. And walks with the weight
of fire.

3.

A via cega se grava
em tua mão: leva à voz
que vendeste, e vai sangrar, uma vez mais
no forcado forjado no sono deste
braile. Um alento
escala o pavio deste meu balbucio,
e acende o ar que nunca se vai
retratar. Teu corpo é teu próprio
fardo medido. E caminha com o peso
do fogo.

4.

Vatic lips, weaned
of image. The mute one
here, who waits, urn-wise,
in wonder. Curse overbrims
prediction: the glacial rose
bequeaths its thorns to the breath
that labors toward eye
and oblivion.
We have only to ready ourselves.
From the first step, our voice
is in league
with the stones of the field.

4.

Váticos lábios, desmamados
de imagem. O mudo
aqui, que aguarda, qual urna,
encantado. A praga transborda
profecia: a rosa glacial
lega abrolhos ao alento
que lida rumo a olho
e oblívio.
Há que só nos prepararmos.
Desde o primeiro passo, nossa voz
está em conluio
com as pedras do campo.

5.

Night, as though tasted
within. And of us, each lie
the tongue would know
when it draws back and sinks
into its poison.
We would sleep, side by side
with such hunger, and from the fruit
we war with, become the name
of what we name. As though a crime, dreamed
by us, could ripen in cold—and fell
these black, roweling trees
that drain the history of stars.

5.

Noite, como que um gosto
por dentro. E de nós, cada mentira
que a língua saberia
quando se recolhe e afunda
em seu veneno.
Dormiríamos, lado a lado
com tal fome, e neste fruto,
nossa luta, viraríamos o nome
do que nomeamos. Como se um crime, sonhado
por nós, pudesse maturar a frio — e derrubar
as negras árvores, espinhos,
que drenam a história dos astros.

6.

Unquelled
in this flood of earth—
where seeds end
and augur nearness—you will sound
the choral rant
of memory, and go the way
that eyes go. There is no longer
path for you: from the moment
you slit your veins, roots will begin
to recite the massacre
of stones. You will live. You will build
your house here—you will forget
your name. Earth
is the only exile.

6.

Irreprimido
neste dilúvio de terra —
onde findam as sementes
augurando ainda um lá — soarás
o delírio coral
da memória, e seguirás
a via dos olhos. Não mais há
trilha para ti: do momento em que
cortares as veias, raízes vão se pôr
a recitar o massacre
das pedras. Viverás. Erguerás
aqui tua casa — esquecerás
teu nome. A Terra
é o único exílio.

7.

Thistle, drenched by heat,
and the barren word
that prods you—shouted
down to the lodes.
Light would spill here.
It would seep through
the scrawled branch that wrote
such cowering above us.
As if, far from you,
I could feel it breaking
through me, as I walked
north into my body.

7.

Cardo, empapado de quente,
e a palavra estéril
que te fere — gritada
aos filões.
Luz aqui jorraria.
Escorreria por entre
o ramo rabiscado que grafou
esse medo sobre nós.
Como se, longe de ti,
eu pudesse sentir a fratura
do ramo em mim, no que sigo
rumo norte até meu corpo.

8.

Scanned by no one
but the loved, the margins
rehearse your death,
playing out the travesty
of nakedness, and the hands
of all the others
who will see you, as if, one day,
you would sing to them, and in the longer
silence of the anvil, name them
as you would this sun: a stone,
scourged by sky.

8.

Miradas por ninguém
além do amado, as margens
ensaiam-te a morte,
encenando a farsa
da nudez, e as mãos
dos outros todos
que te hão de ver, como se, um dia,
fosses cantar para eles, e no mais longo
silêncio da bigorna, dar-lhes nome
como darias a este sol: uma pedra,
flagelada pelo céu.

9.

Between these spasms
of light, in brittle fern, in dark
thickets: waiting
in your labyrinthine ear
for the thunder
to crack: for the Babel-roar,
for the silence. It will not
be what you wandered to
that is heard. But the step,
burrowing under
this parted sky, that keeps its distance
whole. And that widens in you
at the mouth
of cloven earth, where you watch
these fallen stars
struggle to crawl back to you,
bearing the gifts of hell.

9.

Entre esses espasmos
de luz, em fetos frágeis, negras
matas: esperando
em teu ouvido labiríntico
que estoure
o trovão: o rugido-Babel,
o silêncio. Não será
o fim de tua errância o que
se vai ouvir. Mas o passo,
enterrando-se por sob
esse céu partido, que mantém sua distância
intacta. E o que se alarga em ti
na boca
da terra cindida, onde vês
esses astros caídos
rastejando por voltar a ti,
portando os presentes do inferno.

10.

Ice—means nothing
is miracle, if it must
be what will—you are the means
and the wound—opening
out of ice, and the cadence through
blunt earth, when crows
come to maraud. Wherever you walk, green
speaks into you, and holds. Silence
stands the winter eye to eye
with spring.

10.

Gelo — quer dizer que nada
é milagre, se há de
ser o que será — és os meios
e a chaga — que se abre
no gelo, e a cadência pela
terra brusca, quando corvos
vêm pilhar. Por onde andes, o verde
fala em ti, e sustenta. O silêncio
põe o inverno, olho no olho, defronte
à primavera.

11.

Scrolls of your second earth, unraveled
by my slow, incendiary hands.
The sky in your name—sliding down
 scarps of blueness: the sky
overroaring wheat.
Do not ask—for what. Say nothing—
watch. Parades of the beaten,
for whom I tore apart
the drum. Your other life, glowing in the fuse
 of this one. The unbaked loaves: the retina's lack
 of solace.

11.

Pergaminhos de tua segunda terra, decifrados
por minhas lentas mãos incendiárias.
O céu em teu nome — escorregando
por escarpas de azul: o céu
sobrerrugindo o trigo.
Não peças — o quê. Cala —
vê. Desfiles dos caídos,
por quem desmontei
o tambor. Tua outra vida, brilhando no pavio
desta. Os pães por assar: a retina e sua falta
de consolo.

12.

Wind-spewn, from the radiant
no, and grafted on
the brown-green scar of this
moment. You ask
what place this is, and I, along the seams
of your dismembering,
have told you: the forest
is the memory
of itself, this frail
splinter, streaming through
my navigable blood and driven
aground in heart-rubble. You ask
words of me, and I
will speak them—from the moment
I have learned
to give you nothing.

12.

Vômito do vento, vindo do radiante
não, e enxertado
na escara verde-parda deste
agora. Perguntas
que lugar é este, e eu, nas emendas
de teu desmembramento,
te disse: a floresta
é a memória
de si, esta frágil
farpa, correndo por
meu sangue navegável e posta
a pique em caliça cardíaca. Pedes
palavras minhas, e
vou dizê-las — assim
que aprender
a dar-te nada.

13.

Other of I: or sibling
axe of shadow, born bright
where fear is darkest—I breathe
to become your whetstone.
Rasping, as of sparks
that keen, as from mire, waves
of sedge that bristle upward
in the hot morning—we would grow
to become part
of such things. Invisible
at last, as this blood is, buried
under loss that knit
to scars. As the unaborted
who will breathe with us,
standing in the glare
of this lewd and figment sun.

13.

Outro do eu: ou eixo
irmão de sombra, nascido bem
onde o medo é mais negro — eu vivo
para ser teu crivo.
Raspando, como de centelhas
que carpem, como da lama, ondas
de juncos que acima se eriçam
na manhã escaldante — cresceríamos
por ser partes
dessas coisas. Invisíveis
afinal, como este sangue, enterrado
sob perdas que se cerzem
em escaras. Como os não-abortos
que conosco viverão
de pé no clarão
deste lúbrico e ficto sol.

14.

From one stone touched
to the next stone
named: earth-hood: the inaccessible
ember. You
will sleep here, a voice
moored to stone, moving through
this empty house that listens
to the fire that destroyed it. You
will begin. To drag your body
from the ashes. To carry the burden
of eyes.

14.

De uma pedra tocada
à pedra seguinte
nomeada: terridade: inacessível
brasa. Tu
dormirás aqui, uma voz
ancorada na pedra, andando por
esta casa vazia que escuta
o incêndio que a arrasou. Tu
começarás. A dragar teu cadáver
das cinzas. A portar o fardo
dos olhos.

15.

River-noises, cool. A remnant
grief, merging
with the not yet nameable.
Barge wake, silt, and autumn. Head-
waters churn, a strand
of kelp
wheels over the rank
whey of foam—as one, nail-pierced
shard, twice, floats past you, salvaging
asylum
in eyes washed clean
of bliss.

15.

Flúvios ruídos, doces. Um resquício
de dor, que se funde
ao ainda inominável.
Esteira de barca, aluvião, e outono. O olho-
-d'água pulsa, uma fieira
de algas
remoinha sobre o fétido
soro da espuma — no que um, encravado
caco, duas vezes, flutua a tua frente, resgatando
o asilo
em olhos lavados
de alegria.

16.

Prayer-grown—
in the ghost-written tract
of your somewhere,
in the landscape
where you will not stand—whorl-bits
of ammonite
reinvent you.
They roll you along
with earth's mock caroling
underfoot, scattering
the hundred-faced lie
that makes you visible. And from each
daylight blow, your hardness turns
to weapon, another slum
flowers within. (Prayer-grown—
the clandestine word, as though cutting
through the hand
that groped along these cave walls): wherever
I do not find you, the silent
mob that drifted mouthward—throngs
loudly into time.

16.

Frutos de prece —
no espaço escrito por outro
de teu seja-onde-for,
na paisagem
em que não ficarás — cacos-vórtices
de amonoides te
recriam.
Eles te rolam
com o canto jocoso da terra
por baixo, estilhaçando
a mentira de cem faces
que te faz visível. E com cada
golpe à luz do dia, tua dureza vira
arma, outro cortiço
floresce por dentro. (Fruto de prece —
palavra clandestina, como que talhando
a mão
que tateava as paredes desta gruta): onde-quer-que
eu não te encontre, silente
turba que à deriva te embocava — amultidoa-se
estentórea no tempo.

17.

Mirrored by the tent-speech
of our forty-dark, alodial-hued
next year—
the images,
ground in the afterlight
of eyes, the wandered
images absolve you: (dunes
that whirled free,—scree-words
shuttled
by the grate of sand,—the other
glass-round hours, redoubling
in remembrance). And in
my hand—(as, after the night,—the night)—
I hold what you have taken
to give: this path
of tallied cries, and grain
after grain, the never-done-with
desert, burning on your lips
that jell in violence.

17.

Espelhadas pela fala-tenda
de nosso tetra-atro, alodialado
ano seguinte —
as imagens,
calcadas no rastro de luz
de olhos, perambuladas
imagens te absolvem: (dunas
que remoinharam-se livres, — palavras-seixos
transportadas
pelo crivo da areia, — as outras
horas vítreas em ampolas, redobrando-se
em rememórias). E em
minha mão — (como, depois da noite, — a noite) —
seguro o que tomaste
para dar: esta via
de gritos computados, o inabandonável
deserto, queimando em teus lábios
que se talham em violência.

18.

Frail dawn: the boundary
of your darkened lamp: air
without word: a rose-round, folding
corolla of ash. From the smallest
of your suns, you clench
the scald: husk
of relented light: the true seed
in your fallow palm, deepening
into dumbness. Beyond this hour, the eye
will teach you. The eye will learn
to long.

18.

Frágil alba: a fronteira
de tua lâmpada toldada: ar
sem palavra: redonda, rósea, cerrante-se
corola de cinzas. Do menor
de teus sóis, agarras
a queima: casca
de luz abrandada: a vera semente
no alqueive de tua mão, afundando-se
em mudez. Para além desta hora, o olho
te ensinará. O olho aprenderá
a ansiar.

19.

Notched out
on this crust of field—in the day
that comes after us,
where you saw the earth
almost happen again: the echoing
furrows have closed,
and for this one-more-life have ransomed you
against the avid murmur
of scythes. Count me along, then,
with your words. Nothing,
even on this day, will change.
Shoulder to shoulder with dust, before
the blade and beyond
the tall dry grass
that veers with me, I am the air's
stammered relic.

19.

Entalhados
nesta crosta de campo — no dia
que vem após nós,
quando viste a terra
quase se ressuceder: ressoantes
sulcos se cerraram,
e por esta uma-vida-a-mais te libertaram
contra o ávido murmúrio
dos alfanjes. Conta-me, então,
entre tuas palavras. Nada,
nem mesmo agora, há de mudar.
Ombro a ombro com o pó, ante
a lâmina e além
da grama seca e alta
que pende comigo, sou tartamuda
relíquia do ar.

20.

Evening, at half-mast
through mulberry-glow and lichen: the banner
of the unpronounceable
future. The skull's
rabble
crept out from you—doubling
across the threshold—and became
your knell
among the many: you
never heard it
again. Anti-stars
above the city you expel
from language, turning, at odds,
even with you, repeal the arson-
eye's quiet
testimony.

20.

Fim de tarde, a meio-pau
entre a luz das amoras e o líquen: o estandarte
do impronunciável
futuro. A malta
do crânio
saiu de ti rastejante — dobrando
ao cruzar o limiar — e tornou-se
teu dobre
entre tantos: tu
jamais o ouviste
de novo. Antiastros
por sobre a cidade que expulsas
da língua, virando-se, díspares,
até contigo, renegam o calmo
testemunho de
incendiolhos.

21.

Rats wake in your sleep
and mime the progress
of want. My voice turns back
to the hunger it gives birth to,
coupling with stones
that jut from red walls: the heart
gnaws, but cannot know
its plunder; the flayed tongue
rasps. We lie
in earth's deepest marrow, and listen
to the breath of angels.
Our bones have been drained.
Wherever night has spoken,
unborn sons prowl the void
between stars.

21.

Ratos despertam em teu sono
e imitam o progresso
da falta. Minha voz se volta
à fome que dá à luz,
copulando com pedras
que se projetam de muros rubros: o coração
rói, mas não pode saber
seu saque; a língua esfolada
raspa. Restamos
na mais funda medula da terra, e ouvimos
o alento dos anjos.
Nossos ossos foram drenados.
Por onde a noite falou,
filhos não-natos espreitam o vácuo
entre os astros.

22.

The dead still die: and in them
the living. All space,
and the eyes, hunted
by brittle tools, confined
to their habits.
To breathe is to accept
this lack of air, the only breath,
sought in the fissures
of memory, in the lapse that sunders
this language of feuds, without which earth
would have granted a stronger omen
to level the orchards
of stone. Not even
the silence pursues me.

22.

Os mortos morrem ainda: e neles,
os vivos. Todo o espaço
e os olhos, caçados
pelos frágeis instrumentos, confinados
a seus hábitos.
Respirar é aceitar
essa falta de ar, o único alento,
buscamos nas frestas
da memória, no lapso que fende
essa língua de rusgas, sem a qual a terra
teria concedido augúrio de maior vigor
por arrasar os pomares
de pedra. Nem
o silêncio me persegue.

23.

Immune to the craving
gray of fog, hate, uttered
in the eaves, day-
long, kept you near. We
knew that sun
had wormed through the shuttered panes
in drunkenness
only. We knew a deeper void
was being
built by the gulls who scavenged
their own cries. We knew that they
knew the landfall
was mirage.
And was waiting,
from the first hour
I had come to you. My skin,
shuddering in the light.
The light, shattering at my touch.

23.

Imune ao sequioso
cinza da névoa, o ódio, enunciado
nos beirais, diuturna-
mente, manteve-te perto. Sabíamos
que aquele sol
verrumara as janelas cerradas
na ebriedade
só. Sabíamos que um vácuo mais fundo
estava sendo
construído pelas gaivotas que rapinavam
seus próprios gritos. Sabíamos que elas
sabiam que o aterro
era miragem.
E estava esperando
desde a primeira hora
em que vim a ti. Minha pele,
estremecendo sob a luz.
A luz, estilhaçando-se sob meus dedos.

24.

No one's voice, alien
to fall, and once
gathered in the eye that bled
such brightness. Your sinew
does not mend, it is
another rope, braided
by ink, and aching through
this raw hand—that hauls the images
back to us: the clairvoyant
corpse, singing
from his gallows-mirror; a glance,
heavier than stone, hurled
down to April
ice, ringing the bottom
of your breath-well; an eye,
and then
one more. Till vulture
is the word
that gluts this offal, night
will be your prey.

24.

A voz de ninguém, alheia
à queda, e uma vez
recolhida no olho que sangrava
tal clarão. Teu tendão
não se refaz, é
outra corda, trançada
com tinta, um penar que atravessa
esta mão em carne viva — que nos traz as imagens
de volta: o clarividente
cadáver, cantando
em seu espelho-catafalco; um relance,
mais pesado que pedra, lançado
para o gelo de
abril, tintinando no fundo
de teu alento-poço; um olho
e depois
mais um. Até ser abutre
a palavra
que sacia sua carniça, a noite
há de ser tua presa.

25.

Nomad—
till nowhere, blooming
in the prison of your mouth, becomes
wherever you are: you
read the fable
that was written in the eyes
of dice: (it was
the meteor-word, scrawled by light
between us, yet we, in the end,
had no evidence, we
could not produce
the stone). The die-and-the-die
now own your name. As if to say,
wherever you are
the desert is with you. As if,
wherever you move, the desert
is new,
is moving with you.

25.

Nômade —
até lugar-nenhum, brotando
da prisão de tua boca, tornar-se
o onde estás: lês
a fábula
que foi escrita nos olhos
dos dados: (era
palavra-meteoro, rabiscada pela luz
entre nós, e nós, contudo, no fim,
não tínhamos provas, não
podíamos produzir
a pedra). O dado-e-o-dado
possuem agora teu nome. Como quem diz
que onde quer que estejas
está o deserto contigo. Como se,
onde quer que te movas, seja
novo o deserto,
e se mova contigo.

1971-1975

ESCRITOS NA PAREDE

WALL WRITING

White Nights

No one here,
and the body says: whatever is said
is not to be said. But no one
is a body as well, and what the body says
is heard by no one
but you.

Snowfall and night. The repetition
of a murder
among the trees. The pen
moves across the earth: it no longer knows
what will happen, and the hand that holds it
has disappeared.

Nevertheless, it writes.
It writes: in the beginning,
among the trees, a body came walking
from the night. It writes:
the body's whiteness
is the color of earth. It is earth,
and the earth writes: everything
is the color of silence.

I am no longer here. I have never said
what you say
I have said. And yet, the body is a place

Noites brancas

Ninguém aqui,
e o corpo diz: tudo que se diga
não se deve dizer. Mas ninguém
também é corpo, e o que diz o corpo
ninguém escuta
além de ti.

Neve e noite. A iteração
de um assassinato
entre as árvores. A pena
corre pela terra: não sabe mais
o que há de ser, e a mão que a sustém
sumiu.

Mesmo assim, escreve.
Escreve: no começo,
entre as árvores, um corpo vem andando
da noite. Escreve:
o branco do corpo
é da cor da terra. É a terra,
e a terra escreve: tudo
é da cor do silêncio.

Não estou mais aqui. Jamais disse
o que dizes
que disse. E, no entanto, o corpo é um lugar

where nothing dies. And each night,
from the silence of the trees, you know
that my voice
comes walking toward you.

onde nada morre. E a noite toda,
dentre o silêncio das árvores, tu sabes
que minha voz
vem andando para ti.

Matrix and Dream

Inaudible things, chipped
nightly away:
breath, underground
through winter: well-words
down the quarried light
of lullaby rill
and chasm.

You pass.
Between fear and memory,
the agate
of your footfall turns
crimson
in the dust of childhood.

Thirst: and coma: and leaf—
from the gaps
of the no longer known: the unsigned message,
buried in my body.

The white linen
hanging on the line. The wormwood
crushed
in the field.

The smell of mint
from the ruin.

Matriz e sonho

Coisas inaudíveis, consumidas
toda noite:
alento, subterrâneo
pelo inverno: palavras-poços
descendo a luz mineirada
de riacho acalanto
e abismo.

Passas.
Entre medo e memória,
a ágata
de teu passo gera
rubro
na poeira da infância.

Sede: e coma: e folha —
das frestas
do já insabido: a mensagem anônima,
enterrada em meu corpo.

O alvo lençol
pendurado na corda. A artemísia
esmagada
no campo.

O cheiro de menta
dos escombros.

Interior

Grappled flesh
of the fully other and one.
And each thing here, as if it were the last thing
to be said: the sound of a word
married to death, and the life
that is this force in me
to disappear.

Shutters closed. The dust
of a former self, emptying the space
I do not fill. This light
that grows in the corner of the room,
where the whole of the room
has moved.

Night repeats. A voice that speaks to me
only of smallest things.
Not even things—but their names.
And where no names are—
of stones. The clatter of goats
climbing through the villages
of noon. A scarab
devoured in the sphere
of its own dung. And the violet swarm
of butterflies beyond.

Interior

Carne engalfinhada
do plenamente outro e um.
E cada coisa aqui, como se fosse a última
a ser dita: o som de uma palavra
casada com a morte, e a vida
que é esta força em mim
de sumir.

Persianas cerradas. O pó
de um eu já-não-mais, esvaziando o espaço
que não encho. Esta luz
que cresce num canto do quarto,
onde o todo do quarto
moveu-se.

A noite se repete. Uma voz que me fala
somente das menores das coisas.
Nem mesmo coisas — mas seus nomes.
E onde nomes não há —
de pedras. A algazarra das cabras
escalando pelas vilas
do entardecer. Um escaravelho
devorado na esfera
de seu próprio excremento. E o enxame violeta
de borboletas mais além.

In the impossibility of words,
in the unspoken word
that asphyxiates,
I find myself.

Na impossibilidade das palavras,
na palavra não dita
que asfixia,
eu me encontro.

Pulse

This that recedes
will come near to us
on the other side of day.

Autumn: a single leaf
eaten by light: and the green
gaze of green upon us.
Where earth does not stop,
we, too, will become this light,
even as the light
dies
in the shape of a leaf.

Gaping eye
in the hunger of day.
Where we have not been
we will be. A tree
will take root in us
and rise in the light
of our mouths.

The day will stand before us.
The day will follow us
into the day.

Pulso

Isto que se retrai
vai se aproximar de nós
no reverso do dia.

Outono: uma só folha
comida de luz: e o verde
olhar do verde sobre nós.
Onde a terra não para,
nós, também, viramos esta luz,
enquanto morre
a luz
sob a forma de uma folha.

Olho escancarado
na fome do dia.
Onde não fomos,
estaremos. Uma árvore
vai prender raiz em nós
e subir na luz
de nossas bocas.

O dia se porá ante nós.
O dia nos seguirá
rumo ao dia.

Scribe

The name
never left his lips: he talked himself
into another body: he found his room again
in Babel.

It was written.
A flower
falls from his eye
and blooms in a stranger's mouth.
A swallow
rhymes with hunger
and cannot leave its egg.

He invents
the orphan in tatters,

he will hold
a small black flag
riddled with winter.

It is spring,
and below his window
he hears a hundred white stones
turn to raging phlox.

Escriba

O nome
escapou-lhe dos lábios: sua fala o verteu
noutro corpo: achou de novo seu espaço
em Babel.

Estava escrito.
Uma flor
cai-lhe do olho
e brota na boca de um desconhecido.
Uma andorinha
rima com fome
e não pode abandonar o ovo.

Ele inventa
o órfão maltrapilho,

vai segurar
uma pequena bandeira negra
crivada de inverno.

É primavera,
e sob sua janela
ele escuta cem pedras brancas
virarem furibundas rainhas-das-flores.

Choral

Whinnied by flint,
in the dream-gait that cantered you across
the clover-swarmed
militant field:

this bit
of earth that inches up
to us again, shattered
by the shrill, fife-sharp tone
that jousts you open, million-fold,
in your utmost
heretic word.

Slowly,
you dip your finger into the wound
from which my voice
escapes.

Coral

Relinchado pelo sílex,
no passo-de-sonho que te galopou pelo
campo militante coberto
de enxames de trevos:

este pedacinho
de terra que palmilha
de novo rumo a nós, abalado
pelo estrídulo tom de pífano
que em liça te rasga, aos milhões,
em tua mais plena
palavra de herética.

Lentamente,
mergulhas o dedo na chaga
de onde escapa
minha voz.

Meridian

All summer long,
by the gradient rasp-light
of our dark, dune-begetting hands: your stones,
crumbling back to life
around you.

Behind my sheer, raven lid,
one early star,
flushed from a hell of briars,
rears you up, innocent,
towards morning, and peoples your shadow
with names.

Night-rhymed. Harrow-deep.
Near.

Meridiano

O verão todo,
à gradual luz-lima
de nossas negras mãos duníferas: tuas pedras,
desmoronando redivivas
a tua volta.

Por trás de minha vítrea tampa corácea,
uma estrela precoce,
evacuada de inferno de espinhos,
ergue-te, inocente,
para a manhã, e povoa de nomes
tua sombra.

Rimada em noite. Arada a fundo.
Perto.

Lackawanna

Scree-rails, rust,
remembrance: the no longer bearable, again,
shunting across
your gun-metal earth. The eye
does not will
what enters it: it must always refuse
to refuse.

In the burgeoning frost
of equinox: you will have your name,
and nothing more. Dwarfed
to the reddening seed-space
in which every act
rebuts you, your hot, image-bright pore
again
will force its way

open.

Lackawanna

Trilhos-seixos, ferrugem,
memória: o já insuportável, de novo,
manobrando em
tua terra de metal-fuzil. O olho
não deseja
o que o penetra: deve sempre negar-se
a negar.

Na geada que brota
do equinócio: terás teu nome,
e nada mais. Reduzido
ao rubro espaço-semente
em que cada teu ato
te refuta, teu férvido poro, claro-de-imagens,
de novo
vai forçar passagem e

se abrir.

Lies. Decrees. 1972.

Imagine:
the conscripting word
that camped in the squalor
of his fathom-moaned, unapproachable
heaven
goes on warring
in time.

Imagine:
even now
he does not repent of
his oath, even
now, he stammers back, unwitnessed, to his
resurrected throne.

Imagine:
the murdered ones,
cursed and radiant below him,
usher the knives
of their humbled, birth-marked silence, deep
into the alleyways
of his mouth.

Imagine:
I speak this to you,

Mentiras. Decretos. 1972.

Imagina:
a palavra alistadora
que acampou na miséria
de seu insondado pranto, inabordável
paraíso
prossegue na guerra
no tempo.

Imagina:
nem agora
ele arrepende-se
da jura, nem
agora, quando volta tartamudo, sem testemunhas, a seu
trono ressurrecto.

Imagina:
os assassinados,
malditos e resplendentes sob ele,
conduzem as facas
de seu silêncio rebaixado, marcado desde o berço, ao mais

[fundo

dos becos
de sua boca.

Imagina:
eu te digo isso tudo,

from the evening of the first day,
undyingly,
along the short, human fuse
of resistance.

na noite do primeiro dia,
imorredouramente,
ao longo do curto, do humano pavio
da resistência.

Ecliptic. Les Halles.

You were my absence.
Wherever I breathed, you found me
lying in the word
that spoke its way back
to this place.

Silence
was
in the prowled shambles
and marrow
of a cunning, harlot haste—a hunger
that became
a bed for me,

as though the random
Ezekial-wrath
I discovered, the "Live," and the
"yes, he said to us,
when we were in our blood,
Live," had merely been your way
of coming near—

as though somewhere,
visible, an arctic stone, as pale
as semen, had been
dripping, fire-phrase by fire-phrase,
from your lips.

Eclíptica. Les Halles.

Tu eras minha falta.
Toda vez que respirava, tu me achavas
deitado na palavra
que vinha a golpes de palavras
até aqui.

O silêncio
estava
no percorrido matadouro
e medula
de uma arguta pressa puta — uma fome
que tornou-se
cama para mim,

como se a fortuita
ira ezequielina
que descobri, o "Vivam", e o
"sim, ele nos disse,
quando estávamos em nosso sangue,
Vivam", tivesse sido meramente nossa forma
de chegar mais perto —

como se em algum lugar,
visível, uma pedra ártica, tão clara
quanto sêmen, estivesse
gotejando, frase-fogo a frase-fogo,
de teus lábios.

Dictum: After Great Distances

Oleander and rose. The rubble
of earth's other air—where the hummingbird
flies in the shadow
of the hawk. And through each wall, the opening
earth of August,
like a stone that cracks
this wall of sun.

Mountains. And then the lights
of the town
beyond the mountain. The town that lies
on the other side
of light.

We dream
that we do not dream. We wake
in the hours of sleep
and sleep through the silence
that stands over us. Summer
keeps its promise
by breaking it.

Dictum: após grandes distâncias

Oleandro e rosa. O cascalho
do outro ar da terra — onde o colibri
voa na sombra
da águia. E através de cada muro, a abertura
da terra de agosto,
como pedra que racha
este muro de sol.

Montanhas. E então as luzes
da cidade
além da montanha. A cidade que resta
no outro lado
da luz.

Sonhamos
que não sonhamos. Acordamos
nas horas de sono
e passamos dormindo o silêncio
que nos cobre. O verão
mantém sua promessa
ao quebrá-la.

Viaticum

You will not blame the stones,
or look to yourself
beyond the stones, and say
you did not long for them
before your face
had turned to stone.
In front of you
and behind you, in the darkness
that moves with day, you almost
will have breathed. And your eyes,
as though your life were nothing more
than a bitter pilgrimage
to this country of want, will open
on the walls
that shut you in your voice,
your other voice, leading you
to the distances of love,
where you lie, closer
to the second
and brighter terror
of living in your death, and speaking
the stone
you will become.

Viático

Não culparás as pedras,
nem te verás
além das pedras, por dizer
que não esperaste por elas
antes que teu rosto
fosse pedra.
Diante de ti
e atrás, no escuro
que se move com o dia, terás
quase respirado. E teus olhos,
como se tua vida fosse nada mais
que amarga peregrinação
a este país de falta, vão se abrir
para os muros
que te trancam a voz,
tua outra voz, levando-te
às distâncias do amor,
onde restarás, mais perto
do segundo,
e mais claro, terror
de viver em tua morte, e dizendo
a pedra
em que te tornarás.

Still Life

Snowfall. And in the nethermost
lode of whiteness,
a memory
that adds your steps
to the lost.

Endlessly,
I would have walked with you.

Natureza-morta

Neve. E no mais ínfero
filão de brancura,
uma lembrança
que soma teus passos
aos perdidos.

Infindamente,
eu teria seguido contigo.

Fore-Shadows

I breathe you.
I becalm you out of me.
I numb you in the reach
of brethren light.
I suckle you
to the dregs of disaster.

The sky pins a vagrant star
on my chest. I see the wind
as witness, the towering night
that lapsed
in a maze of oaks,
the distance.

I haunt you
to the brink of sorrow.
I milk you of strength.
I defy you,
I deify you
to nothing and
to no one,

I become
your necessary and most violent
heir.

Ante-visões

Eu te inspiro.
Eu te extraio de mim calmaria.
Eu te atonto no toque
da luz irmanada.
Eu te aleito
até a última gota do desastre.

O céu me prende uma estrela errante
ao peito. Eu vejo o vento
em testemunha, a noite imensa
desabada
em labirinto de carvalhos,
a distância.

Eu te assombro
até à beira-mágoa.
Eu ordenho tua força.
Eu te desafio,
eu te deusifico
por nada e
por ninguém,

eu me torno
teu necessário e mais violento
herdeiro.

Ireland

Turf-spent, moor-abandoned you,
you, the more naked one, bathed in the dark
of the greenly overrun
deep-glen, of the gray bed
my ghost
pilfered from the mouths
of stones—bestow on me the silence
to shoulder the wings of rooks, allow me
to pass through here again
and breathe the rankly dealt-with air
that still traffics in your shame,
give me the right to destroy you
on the tongue that impales
our harvest, the merciless
acres of cold.

Irlanda

Relva-exausta, charco-triste, tu,
tu, a mais nua, banhada do negro
do verdemente pisado
vale-fundo, do leito cinza
que meu fantasma
furtou das bocas
das pedras — concede-me o silêncio
que me invista das asas das gralhas, permite
que de novo atravesse este ponto
e respire o ar que fede a resolução
e trafica ainda tua vergonha,
autoriza-me a te destruir
sobre a língua que empala
nossa safra, os impiedosos
acres do frio.

Prism

Earth-time, the stones
tick
in hollows of dust, the arable air
wanders far from home, barbed
wire and road
are erased. Spat
out by the burning
fever in our lungs, the Ur-seed
blooms from crystal, our vermilion breath
refracts us
into many. We will not
ever know ourselves
again. Like the light
that moves between the bars
of light
we sometimes called death,
we, too, will have flowered,
even with such
unquenchable flames
as these.

Prisma

Tempo terrestre, as pedras
espessas
em covas de terra, o arável ar
vai longe de casa, arame
farpado e estrada se
apagam. Cuspida
pela ardente
febre em nossos pulmões, a Ur-semente
brota do cristal, nosso alento carmesim
nos refrata
em múltiplos. Jamais
nos conheceremos
de novo. Como a luz
que se move entre barras
de luz
que às vezes chamamos de morte,
nós, também, teremos florescido,
com chamas
tão inapagáveis
quanto estas.

Wall Writing

Nothing less than nothing.

In the night that comes
from nothing,
for no one in the night
that does not come.

And what stands at the edge of whiteness,
invisible
in the eye of the one who speaks.

Or a word.

Come from nowhere
in the night
of the one who does not come.

Or the whiteness of a word,
scratched
into the wall.

Escrito na parede

Nada menos que nada.

Na noite que vem
do nada,
para ninguém na noite
que não vem.

E o que resta na borda do branco,
invisível
no olho de alguém que fala.

Ou uma palavra.

Vem de lugar nenhum
na noite
do alguém que não vem.

Ou o branco de uma palavra
arranhada
na parede.

Description of October

The axed, delusion oaks
of our stone warm, celestial north, standing
in the blood-
debted air that grows
around the ripening vineyard. Farther,
even than the drunkenness
we will have breathed,
a magpie wing will turn
and pinion through our shadow.

Come
for the grief pennies
I hold out to you.

Descrição de outubro

Ceifados, carvalhos de ilusão
de nosso pétreo-cálido, celeste norte, de pé
na dívida-de-
-sangue do ar que cresce
cerca da vinha que medra. Mais longe,
ainda, que a ebriedade
que teremos respirado,
uma asa de pega vai girar
e cravar nossa sombra no chão.

Vem
pelos trocados de dor
que te estendo.

Covenant

Throng of eyes,
myriad, at sunken retina depth: the image
of the great, imageless one,
moored within.

Mantis-lunged, we,
the hirelings, alive in juniper and rubble,
broke the flat bread
that went with us, we
were steps, wandered
into blindness, we knew by then
how to breathe ourselves along
to nothing.

Something lost
became
something to be found.
A name,
followed through the dust
of all that veering, did not ever
divulge its sound. The mountain
was the spoor
by which an animal pain
hunted itself home.

All night

Aliança

Multidão de olhos,
miríade, funda na retina naufragada: a imagem
do grande, o sem-imagem,
lá ancorado.

Num bote de louva-a-deus, nós,
os mercenários, chegamos entre zimbro e cascalho,
partimos o pão ázimo
que veio conosco, nós
fomos degraus, erramos
para a cegueira, já sabíamos
como nos respirar
em nada.

Algo perdido
tornou-se
algo a se achar.
Um nome,
perseguido na poeira
de todo esse desvio, jamais
divulgou seu som. A montanha
foi o rastro
que levou uma dor animal
a se caçar até sua casa.

Toda noite

I read the braille wounds
on the inner wall
of your cry, and at the brink
of the thick, millennial morning, climbed up
into you again, where all
my bones began
beating and
beating the heart-drum
to shreds.

li o braile das chagas
no muro interno
de nosso grito, e à beira
da densa, milenar manhã, escalei-
-te de novo, onde todos
os meus ossos começaram a
bater e
bater o tambor-coração
até rasgá-lo.

Shadow to Shadow

Against the facade of evening:
shadows, fire, and silence.
Not even silence, but its fire—
the shadow
cast by a breath.

To enter the silence of this wall,
I must leave myself behind.

Sombra a sombra

Contra a fachada do crepúsculo:
sombras, fogo e silêncio.
Nem mesmo o silêncio, mas seu fogo —
a sombra
que projeta uma respiração.

Por penetrar o silêncio deste muro,
tenho de me deixar para trás.

Provence: Equinox

Night-light: the bone and the breath
transparent. This journey
of proffered sky
to the core of the sky
we inhabit—a mountain
in the air that crumbles.

You alone
sleep down to the bottom
of this place,
stillborn earth, as though you could dream
far enough
to tell me of the dense, mud-reckoned seed
that burns in us,
and calm the slow, vernal agony
that labors
through the long uprooting
of stars.

Provence: equinócio

Clara-noite: o osso e o alento
transparentes. Essa jornada
de céu ofertado
para o centro do céu
que habitamos — uma montanha
no ar que desmorona.

Tu, só
dorme-te no fundo
deste ponto,
terra natimorta, como se pudesses sonhar
tão longe
por me dizer da densa, relameada semente
que arde em nós,
e acalmar a lenta, vernal agonia
que lida
no longo processo de arrancar pela raiz
as estrelas.

Hieroglyph

The language of walls.
Or one last word—
cut
from the visible.

May Day. The metamorphosis
of Solomon's-seal
into stone. The just
doom of the uttered
road, unraveled in the swirl
of pollen-memory
and seed. Do not
emerge, Eden. Stay
in the mouths of the lost
who dream you.

Upon thunder and thorn: the furtive air
arms
the lightning-gorse and silence
of each fallow sky
below. Blood Hebrew. Or what
translates
my body's turning back
to an image of earth.

This knife
I hold against your throat.

Hieroglifo

A língua dos muros.
Ou uma última palavra —
recortada
do visível.

Dia de maio. A metamorfose
do selo de Salomão
em pedra. A justa
danação da estrada
pronunciada, deslindada no vórtice
de lembrança-pólen
e semente. Não
emerjas, Éden. Fica
na boca dos condenados
que te sonham.

Ante espinho e trovão: o ar furtivo
arma
o tojo-relâmpago e o silêncio
de cada céu sem safra
lá embaixo. Hebreu de sangue. Ou o que
traduz
o voltar-se de meu corpo
a uma imagem de terra.

Esta faca
que seguro em teu pescoço.

White

For one who drowned:
this page, as if
thrown out to sea
in a bottle.

So that
even as the sky embarks
into the seeing of earth, an echo
of the earth
might sail toward him,
filled with a memory of rain,
and the sound of the rain
falling on the water.

So that
he will have learned,
in spite of the wave
now sinking from the crest
of mountains, that forty days
and forty nights
have brought no dove
back to us.

Branco

Para um afogado:
esta folha, como se
feita ao mar
em garrafa.

Para que
ainda enquanto o céu embarca
no ver-a-terra, um eco
da terra
possa singrar para ele,
cheio de lembrança da chuva,
e o som da chuva
caindo na água.

Para que
possa aprender,
malgrado a vaga
que ora naufraga do cimo
dos montes, que quarenta dias
e quarenta noites
não nos trouxeram a pomba
de volta.

Horizon

You vow yourself away,
you burn yourself
into thaw, you
yellow the cliffs with broom.

My breath
shatters into you. I am
particle
in what heaps you whole,
ash—hovering

in your second sky, in the blue
I hollowed from the blue
of morning.

And the half-said holds
in our frantic lungs, uniting
fire's more with want,
and the word that will carry us
beyond ourselves—

here, where the hard earth
storms toward us, shot through
by wind's reaving awl.

Horizonte

Tu te apagas em votos,
tu te queimas
em degelo, tu
amarelas de giesta as falésias.

Minha respiração
estilhaça-se em ti. Sou
partícula
no que te amontoa,
cinza — pairando

em teu segundo céu, no azul
que escavei do azul
da manhã.

E o semidito contém
nossos pulmões desvairados, unindo
o mais do fogo à falta,
e a palavra que nos há de levar
além de nós —

aqui, onde a terra dura se
insurge contra nós, crivada
pelo cravo devastador do vento.

Ascendant

Spun from the hither-word's
most hoarded space of longing,
on the hour and the eve
that evolve
in the web-nonce and never-lattice
of elsewhere-
upon-elsewhere,

you, who groped out
from the ghetto-taut mouth, mother
of mother, through spring's dark
spider havoc
and the first, brute
knowing of ice,

over the bay, and the barges, and the coal
borne outward: diamond
and Jew, and dew-drenched blade
of grass, sundered
by the sharp, heathen sun
in ascent, in sense-
lost Cyrillic—unknowable—
but yours, yes,
and mine,

down to the mica-sheer

Ascendente

Tramado do ponto de anseio
mais defeso do aquém-palavra,
na hora e na véspera
que evoluem
no teia-aqui, no grade-nunca
de aléns-
-de-mais-aléns,

tu, que tateaste a saída
da boca tensa-em-gueto, mãe
da mãe, pelo escuro, primavera,
caos aranha
e o primeiro, bruto,
sabendo o gelo,

sobre a baía, e as barcas, e o carvão
levado longe: diamante
e judeu, e folha empapada de orvalho
da grama, fendida
pelo talho de um sol pagão
que ascende, em des-
significado cirílico — incognoscível —
mas teu, sim,
e meu,

até o diáfano da mica

parchments, tallying
the living into death again
and life, below, beyond the below, and before,
breath-paved, there, a direction,
yes, and nowhere,
into the real
that was won, and lost, and
re-invented:

The sabbath candle
torn from your throat, burns
through the cold
that would have freed us—I have not
put my weapons aside:

Tundra,
dissolving in the white light
of sleeplessness:

For every pick that breached the quarry,
for each stone
cleft from earth, a star now grows
dim.

em pergaminhos, que registra
de novo em morte os vivos
e a vida, abaixo, além do abaixo, e antes,
calçada-de-alento, lá, direção,
sim, e em parte alguma,
para o real
que foi conquistado, e foi perdido, e
reinventado:

A vela do sabá
arrancada de tua garganta, queima
e fura o frio
que nos teria feito livres — eu não
depus minhas armas:

Tundra,
dissolvendo-se na luz branca
da privação de sono:

Para cada picareta que cindiu a pedreira,
para cada pedra
clivada da terra, uma estrela agora fica
escura.

South

Hewn till white— : the bronze
heart and heaven-shape
of our gradual
winter.

Do not forget,
my dreamless one, I, too,
came to this world before
the snow.

Sul

Entalhado até o branco —: brônzeos
coração e forma-céu
de nosso gradual
inverno.

Não esqueças,
meu sem-sonhos, eu, também,
cheguei a este mundo antes
da neve.

Pastoral

In the hinterland of moss and waiting,
so little like the word
that was a waiting as well,
all has been other
than it is, the moss
still waits for you, the word
is a lantern
you carry to the depths
of green, for even the roots
have carried light, and even now
your voice
still travels through the roots, so that
wherever an axe may fall
you, too, shall know that you live.

Pastoral

Nas matas de musgo e de espera,
tão pouco iguais à palavra
que também era espera,
foi tudo diverso
do que é, o musgo
ainda te aguarda, a palavra
é lanterna
que levas ao mais fundo
do verde, pois até as raízes
levaram luz, e ainda agora
tua voz
continua viajando por raízes, para que
onde quer que recaia um machado
tu, também, venhas a saber que vives.

Incendiary

Flint hours. The dumb sprawl
of stones around us, heart
against heart, we, in the straw
hulk
that festers through the damp
lapse of night.

Nothing left. The cold eye
opens on cold,
as an image of fire
eats
through the word
that struggles in your mouth. The world
is
whatever you leave to it, is only
you
in the world my body
enters: this place
where all is lacking.

Incendiário

Horas sílices. O espalhar-se mudo
das pedras em torno a nós, coração
contra coração, nós no pontão
de palha
que apodrece ao longo do úmido
lapso da noite.

Nada resta. O olho frio se
abre ao frio
enquanto uma imagem de fogo
devora
a palavra que
se esbate em tua boca. O mundo
é
o que quer que lhe deixes, és somente
tu
no mundo que meu corpo
penetra: este lugar
onde tudo é carência.

Song of Degrees

In the vacant lots
of solstice. In the light
you wagered for the rubble
of awe. Sand heaps:
retched into prayer—the distance
bought
in your name.

You. And then
you again. A footstep
gives ground: what is more
is not more: nothing
has ever been
enough. Tents,
pitched and struck: a ladder
propped
on a pillow of stone: the sheer
aureole rungs
of fire. You,
and then we. The earth
does not ask
for anyone.

So
be it. So much
the better—so many

Canção dos graus

Nos terrenos baldios
do solstício. Na luz
que apostaste contra o cascalho
da reverência pânica. Morros de areia:
vomitada em oração — a distância
comprada
em teu nome.

Tu. E então
de novo tu. Uma pegada
cede terreno: o que é mais
não há mais: nada
jamais foi
bastante. Tendas,
erguidas e quedas: escada
apoiada
em descanso de pedra: diáfanos
degraus auréolos
de fogo. Tu,
e então nós. A terra
não pede
ninguém.

Assim
seja. Tanto
melhor — tantas

words,
raked and murmured along
by your bedouin knees, will not
conjure you home. Even
if you crawled from the skin
of your brother,
you would not go beyond
what you breathe: no
angel can cure you
of your name.

Minima. Memory
and mirage. In each place
you stop for air,
we will build a city around you. Through the star-
mortared wall
that rises in our night, your soul
will not pass
again.

palavras,
recolhidas e murmuradas no caminho
de teus joelhos beduínos, não vão
por mágica te pôr em casa. Nem
se rastejasses de dentro da pele
de teu irmão
irias além
do que respiras: anjo
nenhum pode curar-te
de teu nome.

Mínimos. Memória
e miragem. Em cada lugar
em que paras para respirar,
ergueremos uma cidade a tua volta. Pelo muro-
-crivo de estrelas
que se ergue em tua noite, tua alma
não passará
novamente.

Fire Speech

You veer out. You crumble in.
You stand.

Cradled
by the hour-gong
that beat through the holly
twelve times
more silent than you, something, let
loose by someone,
rescues your name from coal.

You stand
there again, breathing
in the phantom sun
between ice and reverie.

I have come so far for you,
the voice
that echoes back to me
is no longer my own.

Fala ígnea

Defletes. Desmoronas.
Tu ficas.

Aninhado
no gongo da hora
que bateu pelo santo
doze vezes
mais calado que tu, algo, li-
berado por alguém,
resgata teu nome das brasas.

Tu ficas
de novo ali, respirando
sob o sol fantasma
entre gelo e devaneio.

Cheguei tão longe por ti,
a voz
que me volta em eco
não é mais minha.

Lapsarian

This bit-open earth.
Arbor: in the neigh of branches.
The shallow night, merging
with noon.

I speak to you
of the word that mires in the smell
of here-after.
I speak to you of the fruit
I shoveled up
from below.
I speak to you of speech.

Humus colors. Buried in the rift
till human. The day's prismatic blessing—divisible
by breath. Starling paths,
snake furrows, seeds. The quick
skewers of flame. What burns
is banished.
Is taken with you.
Is yours.

A man
walks out from the voice
that became me.
He has vanished.

Lapsariano

Esta terra aberta a dentes.
Caramanchão: à beira-ramos.
A noite rasa, fundida
ao sol a pino.

Eu te falo
da palavra que chafurda no cheiro
daqui-em-diante.
Eu te falo do fruto
que escavei
do fundo.
Eu te falo da fala.

Cores de húmus. Inumadas na fenda
até se humanarem. A prismática bênção do dia — divisível
pelo alento. Trilhas de estorninhos,
sulcos de serpentes, sementes. Velozes
os gládios da chama. O que arde
é banido.
É levado contigo.
É teu.

Um homem
sai andando da voz
que virou eu.
Desapareceu.

He has eaten
the ripening word
that killed you and
killed you.

He has found himself,
standing in the place
where the eye most terribly holds
its ground.

Ele comeu
o mundo maduro
que te matou e
te matou.

Ele se viu,
de pé no ponto
em que o olho mais cruel defende
sua fortaleza.

Late Summer

Borealis flood, and all of night, unleashed
at the eye's diluvian hour. Our bone-
broken will, countering the flow
of stones within our blood: vertigo
from the helium heights
of language.

Tomorrow: a mountain road
lined with gorse. Sunlight
in the fissures of rock. Lessness.
As if we could hold a single breath
to the limit breath.

There is no promised land.

No fim do verão

Borrasca boreal, e o todo da noite, solto
contra a hora diluviana do olho. Nosso des-
ossado desígnio, opondo-se ao curso
das pedras em nosso sangue: vertigem
das altitudes de hélio
da linguagem.

Amanhã: uma estrada na montanha
cercada de tojo. O sol
nas frestas da pedra. O menos.
Como se pudéssemos erguer um só alento
ante o término do alento.

Não existe a terra prometida.

Heraclitian

All earth, accountable
to greenness, the air's ballast
coal, and the winter
that ignites
the fire of earth, as all air moves
unbrokenly
into the green
moment of ourselves. We know that we are
spoken for. And we know that earth
will never yield
a word
small enough to hold us. For the just word
is only of air, and in the green
ember
of our nether sameness, it brings no fear
but that of life. We therefore
will be named
by all that we are not. And whoever
sees himself
in what is not yet
spoken,
will know what it is
to fear
earth
to the just
measure of himself.

Heraclitiana

Toda a terra, responsável
pelo verde, o carvão que lastra
o ar, e o inverno
que inflama
as chamas da terra, como todo o ar se move
ininterrupto
rumo ao verde
momento de nós. Sabemos que falam
por nós. E sabemos que a terra
jamais cederá
uma palavra
que por sua pequenez nos detenha. Pois a justa palavra
é só do ar, e na verde
brasa
de nossa ínfera igualdade, não traz outro medo
que não o da vida. Nós portanto
seremos batizados
por tudo que não somos. E quem quer
que se veja
no que ainda não
se diz,
saberá o que é
temer
a terra
na justa
medida de si próprio.

Braille

Legibility of earth. Bone's
clear pelt,
and the swerve of plume-and-weal clouds
in victim air—no longer
to be read.

"When you stop on this road,
the road, from that moment on,
will vanish."

And you knew, then,
that there were two of us: you knew
that from all this flesh of air, I
had found the place
where one word
was growing wild.

Nine months darker, my mouth bores through
the bright ways
that cross with yours. Nine lives
deeper, the cry is still
the same.

Braile

Legibilidade da terra. O couro
claro do osso,
e a guinada de nuvens pluma-e-bem-estar
num ar vitimado — não mais
por ler.

"Quando parares nesta estrada,
a estrada, dali em diante,
desaparecerá."

E soubeste, então,
que havia dois de nós: soubeste
que de toda esta carne do ar, eu
encontrara o lugar
onde uma palavra
crescia selvagem.

Nove meses mais negra, minha boca perfura
as luminosas trilhas
que cruzam as tuas. Nove vidas
mais fundo, o grito ainda é
o mesmo.

Salvage

Reunion of ash men
and ash women. Sky's wan hub
grown full till anther-round
on the peat slope from which
I saw them. May-green: what was said,
audible in the eye. The words,
mingled with snow, did not
indict the mouth. I drank
the wine they begrudged me. I stood, perhaps,
beside where you
might have been. I dragged
everything
home to the other world.

Das ruínas

Reunião de homens de cinza
e mulheres de cinza. O lívido eixo do céu
crescido até arrondar-se em antera
na encosta relvada de onde
os vi. Verde-maio: o que foi dito
audível no olho. As palavras,
misturadas à neve, não
acusaram a boca. Bebi
o vinho que me sonegaram. Fiquei, talvez,
ao lado de onde
pudeste estar. Arrastei
tudo
a seu lar no outro mundo.

Autobiography of the Eye

Invisible things, rooted in cold,
and growing toward this light
that vanishes
into each thing
it illumines. Nothing ends. The hour
returns to the beginning
of the hour in which we breathed: as if
there were nothing. As if I could see
nothing
that is not what it is.

At the limit of summer
and its warmth: blue sky, purple hill.
The distance that survives.
A house, built of air, and the flux
of the air in the air.

Like these stones
that crumble back into earth.
Like the sound of my voice
in your mouth.

Autobiografia do olho

Coisas invisíveis, enraizadas no frio,
e crescendo para esta luz
que some
em cada coisa
que ilumina. Nada termina. A hora
retorna ao começo
da hora em que respiramos: como se
nada houvesse. Como se eu pudesse ver
nada
que não seja o que é.

No limite do verão
e seu calor: céu azul, morro púrpura.
A distância que sobrevive.
Uma casa, erguida em ar, e o fluxo
do ar no ar.

Como estas pedras
que redesmoronam na terra.
Como o som de minha voz
em tua boca.

All Souls

Anonymity and floe: November
by its only name, death-
danced
through the broken speech
of hoe and furrow
down
from the eaves of overwhelming—these
hammer-worshipped
spew-things
cast
into the zones of blood.

A transfusion of darkness,
the generate peace, encroaching
on slaughter.

Life equal to life.

Finados

Anonimato e banquisa: novembro
por seu único nome, pós-dança
da morte
na fala entrecortada
de enxada e sulco
caindo
dos beirais da submersão — estes
vômitos
adorados pelo martelo
arremessados
nas zonas de sangue.

Transfusão de escuridão,
o gerar paz, usurpando
a carnificina.

Vida igual a vida.

1975

DESAPARECIMENTOS

DISAPPEARANCES

1.

Out of solitude, he begins again—

as if it were the last time
that he would breathe,

and therefore it is now

that he breathes for the first time
beyond the grasp
of the singular.

He is alive, and therefore he is nothing
but what drowns in the fathomless hole
of his eye,

and what he sees
is all that he is not: a city

of the undeciphered
event,

and therefore a language of stones,
since he knows that for the whole of life
a stone
will give way to another stone

1.

De solidão, ele recomeça —

como se fosse a última vez
que respira,

e portanto seja agora

que respira pela primeira vez
além das garras
do singular.

Está vivo, e portanto é nada
além do que se afoga no insondável poço
de seu olho,

e o que vê
é tudo o que não é: uma cidade

do indecifrado
evento,

e portanto uma língua de pedras,
já que sabe que pelo todo da vida
uma pedra
abrirá caminho a outra pedra

to make a wall

and that all these stones
will form the monstrous sum

of particulars.

para erguer um muro

e que todas essas pedras
formarão a suma monstruosa

dos particulares.

2.

It is a wall. And the wall is death.

Illegible
scrawl of discontent, in the image

and after-image of life—

and the many who are here
though never born,
and those who would speak

to give birth to themselves.

He will learn the speech of this place.
And he will learn to hold his tongue.

For this is his nostalgia: a man.

2.

É um muro. E o muro é morte.

Ilegível
rabisco de insatisfação, à imagem

e pós-imagem da vida —

e os vários que aqui são
conquanto nunca-natos,
e os que falariam

por se dar à luz.

Ele vai aprender a fala deste lugar.
E aprender a segurar a língua.

Pois é esta sua saudade: um homem.

3.

To hear the silence
that follows the word of oneself. Murmur

of the least stone

shaped in the image
of earth, and those who would speak
to be nothing

but the voice that speaks them
to the air.

And he will tell
of each thing he sees in this space,
and he will tell it to the very wall
that grows before him:

and for this, too, there will be a voice,
although it will not be his.

Even though he speaks.

And because he speaks.

3.

Para ouvir o silêncio
que se segue à palavra de si. Murmúrio

da mais ínfima pedra

moldada à imagem
da terra, e os que falariam
para nada serem

além da voz que os diz
ao ar.

E ele vai falar
de cada coisa que vê neste lugar,
e vai falar até para o muro
que cresce diante dele:

e para isso, também, haverá uma voz,
embora não a sua.

Apesar de ele falar.

E por causa de falar.

4.

There are the many—and they are here:

and for each stone he counts among them
he excludes himself,

as if he, too, might begin to breathe
for the first time

in the space that separates him
from himself.

For the wall is a word. And there is no word
he does not count
as a stone in the wall.

Therefore, he begins again,
and at each moment he begins to breathe

he feels there has never been another
time—as if for the time that he lived
he might find himself

in each thing he is not.

What he breathes, therefore,
is time, and he knows now
that if he lives

4.

Há os vários — e estão aqui:

e para cada pedra que conta entre eles
ele exclui-se,

como se, também ele, pudesse começar a respirar
pela primeira vez

no espaço que o separa
de si.

Pois o muro é palavra. E não há palavra
que ele não conte
como pedra no muro.

Portanto, recomeça,
e a cada momento em que começa a respirar

ele sente que nunca houve outra
vez — como se no tempo que viveu
pudesse se ver

em cada coisa que não é.

O que ele respira, portanto,
é tempo, e ora sabe
que se vive

it is only in what lives

and will continue to live
without him.

é só no que vive

e continuará vivo
sem ele.

5.

In the face of the wall—

he divines the monstrous
sum of particulars.

It is nothing.
And it is all that he is.
And if he would be nothing, then let him begin
where he finds himself, and like any other man
learn the speech of this place.

For he, too, lives in the silence
that comes before the word
of himself.

5.

No rosto do muro —

ele adivinha a monstruosa
suma dos particulares.

É nada.
E é tudo que ele é.
E se for ser ele nada, comece então
onde se vê, e como outro qualquer
aprenda a fala deste ponto.

Pois, também, ele vive no silêncio
que vem antes da palavra
de si.

6.

And of each thing he has seen
he will speak—

the blinding
enumeration of stones,
even to the moment of death—

as if for no other reason
than that he speaks.

Therefore, he says I,
and counts himself
in all that he excludes,

which is nothing,

and because he is nothing
he can speak, which is to say
there is no escape

from the word that is born
in the eye. And whether or not
he would say it,

there is no escape.

6.

E de cada coisa que viu
vai falar —

a ofuscante
enumeração de pedras
até o momento da morte —

como se por nenhum outro motivo
além do fato de falar.

Portanto, ele diz eu,
e se conta
em tudo que exclui,

o que é nada,

e porque é nada
ele pode falar, o que vale dizer
que não há saída

do mundo que nasce
no olho. E possa ele ou
não dizê-lo,

não há saída.

7.

He is alone. And from the moment he begins to breathe,

he is nowhere. Plural death, born

in the jaws of the singular,

and the word that would build a wall
from the innermost stone
of life.

For each thing that he speaks of
he is not—

and in spite of himself
he says I, as if he, too, would begin
to live in all the others

who are not. For the city is monstrous,
and its mouth suffers
no issue

that does not devour the word
of oneself.

Therefore, there are the many,
and all these many lives

7.

Ele está só. E desde o momento em que começa a respirar,

está em parte alguma. Morte plural, nascida

nas presas do singular,

e a palavra que ergueria um muro
da pedra mais íntima
da vida.

Pois cada coisa de que fala
ele não é —

e a contragosto
diz eu, como se, também ele, fosse começar
a viver em todos os outros

que não são. Pois a cidade é monstruosa,
e sua boca não suporta
passagem

que não devore o mundo
de si.

Portanto, há os vários,
e todas estas várias vidas

shaped into the stones
of a wall,

and he who would begin to breathe
will learn there is nowhere to go
but here.

Therefore, he begins again,

as if it were the last time
he would breathe.

For there is no more time. And it is the end of time

that begins.

moldadas nas pedras
de um muro,

e ele que começaria a respirar
aprenderá que não há aonde ir
senão aqui.

Portanto, recomeça,

como se fosse a última vez
que iria respirar.

Pois não há mais tempo. E é o fim do tempo

que começa.

1976

EFÍGIES

EFFIGIES

1.

Eucalyptus roads: a remnant of the pale sky
shuddering in my throat. Through the ballast
drone of summer

the weeds that silence
even your step.

1.

Estradas de eucalipto: um vestígio de céu pálido
estremece na garganta. Pelo lastro
zumbido do verão

a relva que cala
até teu passo.

2.

The myriad haunts of light.
And each lost thing—a memory

of what has never been. The hills. The impossible
hills

lost in the brilliance of memory.

2.

Pletora de antros da luz.
E cada coisa perdida — uma lembrança

do que nunca foi. Os morros. Impossíveis
morros

perdidos no brilho da memória.

3.

As if it were all

still to be born. Deathless in the eye,
where the eye now opens on the noise

of heat: a wasp, a thistle swaying on the prongs

of barbed wire.

3.

Como se fosse tudo

ainda por nascer. Imortal ao olho,
onde o olho ora se abre para o som

do calor: uma vespa, um cardo oscilando nos dentes

do arame farpado.

4.

You who remain. And you
who are not there. Northernmost word, scattered
in the white

hours of the imageless world—

like a single word

the wind utters and destroys.

4.

Tu que permaneces. E tu
que não estás aqui. Mais boreal palavra, espargida
nas brancas

horas do mundo sem imagens —

como única palavra

que o vento enuncia e destrói.

5.

Alba. The immense, alluvial light. The carillon
of clouds at dawn. And the boats
moored in the jetty fog

are invisible. And if they are there

they are invisible.

5.

Alva. Imensa luz aluvial. O carrilhão
das nuvens da aurora. E os barcos
ancorados na névoa do molhe

são invisíveis. E se estão ali

são invisíveis.

1976-1977

FRAGMENTOS DE FRIO

FRAGMENTS FROM COLD

Northern Lights

These are the words
that do not survive the world. And to speak them
is to vanish

into the world. Unapproachable
light
that heaves above the earth, kindling
the brief miracle

of the open eye—

and the day that will spread
like a fire of leaves
through the first chill wind
of October

consuming the world

in the plain speech
of desire.

Luzes do Norte

São essas as palavras
que não sobrevivem ao mundo. E dizê-las
é sumir

no mundo. Inabordável
luz
que pulsa sobre a terra, ateando
o breve milagre

do olho aberto —

e o dia que se há de abrir
como um fogo de folhas
no primeiro vento gélido
de outubro

consumindo o mundo

na fala clara
do desejo.

Reminiscence of Home

True north. Vincent's north.
The glimpsed

unland of light. And through each fissure
of earth, the indigo
fields that burn
in a seething wind of stars.

What is locked
in the eye that possessed you
still serves
as an image of home: the barricade
of an empty chair, and the father, absent,
still blooming in his urn
of honesty.

You will close your eyes.
In the eye of the crow who flies before you,
you will watch yourself
leave yourself behind.

Reminiscência de casa

Vero Norte. Norte de Vincent.
Vislumbrada

desterra de luz. E em cada fresta
de terra, campos
anil que ardem
num férvido vento de estrelas.

O que resta trancado
no olho que te possuiu
serve ainda
de imagem de casa: a barricada
da cadeira vazia, e o pai, ausente,
que floresce ainda na urna
de sua honestidade.

Tu jamais cerrarás os olhos.
No olho do corvo que voa a tua frente,
vais te ver
deixar-te para trás.

Riding Eastward

A word, unearthed
for Knut Hamsun:

kneaded
on the blood trail back
from America, where the sun-
stoked locomotive roof
baked the consumption
out of him:

with so much distance
to be delved by what is
purely godless, the written
does not damn you
to any fate
worse than self.

You hunger
up the vast bread slopes of feeling,
and begin, breaking once again, your fathomless
alphabet of stones.

Cavalgando ao Oriente

Uma palavra, desenterrada
para Knut Hamsun:

sovada
no trilho de sangue que corre
da América, onde abaste-
cido a sol o teto do trem
assava-lhe a desnutrição
até que não:

com tanta distância
a ser escavada pelo que é
puramente sem-deus, o escrito
não te condena
a destino algum
pior que o seu.

A fome te faz
escalar as vastas ladeiras de pão do sentimento
e começar, partindo uma vez mais, teu insondado
alfabeto de pedras.

Gnomon

September sun, illusionless. The purple
field awash
in the hours of the first breath. You will not
submit to this light, or close your eyes
to the vigilant
crumbling of light in your eyes.

Firmament of fact. And you,
like everything else
that moves. Parsed seed
and thimble of air. Fissured
cloud and worm: the open-
ended sentence that engulfs you
at the moment I begin
to be silent.

Perhaps, then, a world
that secretes its harvest
in the lungs, a means
of survival by breath
alone. And if nothing,
then let nothing be
the shadow
that walks inside your shadow, the body
that will cast
the first stone, so that even as you walk

Gnomon

Sol de setembro, desiludido. Púrpura,
o campo lavado
nas horas do primeiro alento. Não te vais
submeter a essa luz, ou fechar os olhos
para o alerta
desmoronar da luz em teus olhos.

Firmamento de fatos. E tu,
como tudo mais
que se move. Semente escandida
e dedal de ar. Físseis
nuvem e verme: a sentença in-
conclusa que te engolfa
no momento em que começo
a pôr-me quieto.

Talvez, então, um mundo
que secreta sua safra
nos pulmões, um meio
de sobrevivência via alento,
e só. E, se nada,
que seja o nada então
a sombra
que caminha em tua sombra, o corpo
que há de jogar
a primeira pedra, para que mesmo ao te

away from yourself, you might feel it
hunger toward you, hourly,
across the enormous
vineyards of the living.

afastares de ti, possas senti-lo
sequioso rumo a ti, horamente,
atravessando as gigantescas
vinhas dos vivos.

Fragment from Cold

Because we go blind
in the day that goes out with us,
and because we have seen our breath
cloud
the mirror of air,
the eye of the air will open
on nothing but the word
we renounce: winter
will have been a place
of ripeness.

We who become the dead
of another life than ours.

Fragmento de frio

Porque ficamos cegos
no dia que se esvai conosco,
e porque vimos nossa respiração
nublar
o espelho de ar,
o olho do ar vai se abrir
para nada mais que a palavra
a que renunciamos: o inverno
terá sido lugar
de madureza.

Nós que viramos os mortos
de uma vida que não a nossa.

Aubade

Not even the sky.
But a memory of sky,
and the blue of the earth
in your lungs.

Earth
less earth: to watch
how the sky will enclose you, grow vast
with the words
you leave unsaid—and nothing
will be lost.

I am your distress, the seam
in the wall
that opens to the wind
and its stammering, storm
in the plural—this other name
you give your world: exile
in the rooms of home.

Dawn folds, fathers
witness,
the aspen and the ash
that fall. I come back to you
through this fire, a remnant
of the season to come,

Aubade

Nem mesmo céu.
Mas memória do céu,
e do azul do planeta
em teus pulmões.

Terra
sem terra: ver
como o céu te engolfará, ficando vasto
com as palavras
que não pronuncias — e nada
se há de perder.

Sou tua aflição, sutura
no muro
que se abre ao vento
e seu balbucio, tempestade
no plural — este outro nome
que dás a teu mundo: exilado
nos quartos de casa.

A alba cede, concebe
testemunhos,
a faia e o freixo
que caem. Volto a ti
cruzando este fogo, vestígio
da estação que virá,

and will be to you
as dust, as air,
as nothing
that will not haunt you.

In the place before breath
we feel our shadows cross.

e será para ti
como pó, como ar,
como nada
que não vá te assombrar.

No ponto antes do alento
sentimos nossas sombras se cruzarem.

Testimony

In the high winter wheat
that blew us across
this no man's land,
in the couplings of our anger
below these nameless white weeds,
and because I lodged, everlastingly,
a flower in hell, I tell you
of the opening of my eye
beyond being,
of my being beyond being
only one,
and how I might acquit you
of this hiddenness, and prove to you
that I am
no longer alone,
that I am not
even near myself
anymore.

Testemunho

No trigo alto do inverno,
que nos soprou por
essa terra-de-ninguém,
na cópula de nossa fúria
sob essa inominada erva branca,
e porque instalei, sempiternamente,
uma flor no inferno, eu te falo
da abertura de meu olho
além do ser,
de meu ser além do ser
só um,
e de como te posso livrar
desse ocultamento, e te provar
que não estou
mais só,
que não estou
nem perto de mim
mais.

Visible

Spools of lightning, spun outward
in the split, winter night: thunder
hauled by star—as if

your ghost had passed, burning,
into the needle's eye, and worked itself
sheer though the silk
of nothingness.

Visível

Carretéis de relâmpago, desrodando
na cindida noite de inverno: trovão
transportado em estrelas — como se

teu fantasma tivesse passado, ardendo,
para o olho da agulha, e se feito
diáfano através da seda
do nada.

Meteor

The light, receding from us once again,
in this furtive, unappeasable
birth
of mineral-memory
and home, as though here,
even our names, anchored
to the glacial prow
of silences, could furrow the land
with longing, and scatter, over the life
that lies between us, the dust
of the smallest stone
that falls from the eaves
of Babel.

Meteoro

A luz, fugindo de nós outra vez,
em seu furtivo, inapaziguável
parto
de memória-mineral
e lar, como se aqui,
até nossos nomes, ancorados
na proa glacial
dos silêncios, pudessem sulcar a terra
com desejo, e espargir, sobre a vida
que jaz entre nós, o pó
da menor das pedras
que cai dos beirais
de Babel.

Transfusion

Oven's glow. Or vast
hemoglobin
leap—

:the blasphemy
of their death-devoted word, lying
in the self-same blood
your open heart
still squanders.

Pulse—
and then what—(then
what?)—erupts in the skull
of the ghetto sphinx—that plumbs
the filth
and fever of the ones
who gave up. (Like you,
they still hover, still
hunger, immured in the bread
of no one's flesh, still make themselves
felt):

as if, in the distance between
sundown and sunrise,
a hand
had gathered up your soul

Transfusão

Brilho de forno. Ou vasto
salto
de hemoglobina —

:a blasfêmia
de sua palavra entregue-à-morte, que jaz
no mesmíssimo sangue
que teu coração aberto
esbanja ainda.

Pulso —
e aí o quê — (aí
o quê?) — irrompe no crânio
da esfinge do gueto — que sonda
a imundície
e a febre dos
que desistiram. (Como você,
ainda pairam, ainda
anseiam, enclausurados no pão
da carne de ninguém, ainda se fazem
sentir):

como se, na distância entre
pôr-do-sol e sol-levante,
uma mão
tivesse recolhido tua alma

and worked it with the stones
into the leaven
of earth.

e a incrustado com as pedras
no fermento
da terra.

Siberian

Shadow, carted off by wolves
and quartered, half a life beyond
each barb of the wire, now I see you,
magnetic
polar felon, now I begin
to speak to you
of the wild boar
of southern woods, of scrub
oak and thicket spruce, of thyme-reek
and lavender, even
down to lava, spewn, through each
chink in the wall, so that you, counter-voice, lost
in the cold
of farthest murder, might come
floating back
on your barge of ice, bearing
the untellable
cargo of forgiveness.

Siberiano

Sombra, num carro de lobos
e em quartos, meia lenda além
de cada farpa do arame, agora te vejo,
magnético
infrator polar, agora começo
a te falar
do javali selvagem
das matas do sul, de
carvalhos e moitas de píceas, de acre-tomilho
e lavanda, indo
até à lava, cuspida, de cada
fresta do muro, para que você, contravoz, perdido
no frio
do longínquo assassínio, pudesse voltar
flutuando
em tua barca de gelo, trazendo
a indizível
carga do perdão.

Looking Glass

Laid bare
by your rabid, obsidian eye,
by the white
ire and barking
of the mirror-dog who stared you
into blindness:

Spinoza's god,
cast from the borders of speech, geometric,
journeying through the curve
of exile,
hazards another world.

Especular

Desnudado
por teu hidrófobo olho obsidiano,
pela alva
ira e latidos
do cão-espelho que te encara
e te cega:

o deus de Espinosa,
banido dos lindes da fala, geométrico,
em jornada nas curvas
do exílio,
arrisca outra palavra.

Clandestine

Remember with me today—the word
and counter-word
of witness: the tactile dawn, emerging
from my clenched hand: sun's
ciliary grasp: the stretch of darkness
I wrote
on the table of sleep.

Now
is the time to come.
All you have come
to take from me, take
away from me now. Do not
forget
to forget. Fill
your pockets with earth,
and seal up the mouth
of my cave.

It was there
I dreamed my life
into a dream
of fire.

Clandestino

Lembra hoje comigo — a palavra
e a contrapalavra
de testemunho: aurora tátil, emergindo
de meu punho cerrado: a garra
ciliar do sol: o trecho de trevas
que escrevo
na mesa do sono.

Agora
é o tempo por-vir.
Tudo que vieste
levar de mim, leva
de mim agora. Não
esqueças
de esquecer. Enche
teus bolsos de terra,
e sela a boca
de minha gruta.

Foi lá
que minha vida
sonhou-se um sonho
de fogo.

Quarry

No more than the song of it. As if
the singing alone
had led us back to this place.

We have been here, and we have never been here.
We have been on the way to where we began,
and we have been lost.

There are no boundaries
in the light. And the earth
leaves no word for us
to sing. For the crumbling of the earth
underfoot

is a music in itself, and to walk among these stones
is to hear nothing
but ourselves.

I sing, therefore, of nothing,

as if it were the place
I do not return to—

and if I should return, then count out my life
in these stones: forget

Pedreira

Não mais que seu canto. Como se
o canto e só
nos tivesse trazido até aqui.

Estivemos aqui, e nunca estivemos aqui.
Estivemos a caminho de onde começamos,
e estivemos perdidos.

Não há fronteiras
na luz. E a terra
não nos deixa palavra
por cantar. Pois o desmoronamento da terra
sob os pés

já é música, e andar entre essas pedras
é nada ouvir
além de nós.

Canto, portanto, o nada,

como se fosse o lugar
a que não volto —

e se vier a voltar, então conta minha vida
nessas pedras: esquece

I was ever here. The world
that walks inside me

is a world beyond reach.

que jamais estive aqui. O mundo
que caminha em mim

é um mundo além do alcance.

1978-1979

ENCARANDO A MÚSICA

FACING THE MUSIC

Credo

The infinite

tiny things. For once merely to breathe
in the light of the infinite

tiny things
that surround us. Or nothing
can escape

the lure of this darkness, the eye
will discover that we are
only what has made us less
than we are. To say nothing. To say:
our very lives

depend on it.

Credo

As infinitas

coisas minúsculas. Uma só vez meramente respirar
na luz das infinitas

coisas minúsculas
que nos cercam. Ou nada
pode fugir

do encanto dessas trevas, o olho
descobrirá que somos
só o que nos fez ser
menos do que somos. Dizer nada. Dizer:
até nossas vidas

dependem disso.

Obituary in the Present Tense

It is all one to him—
where he begins

and where he ends. Egg white, the white
of his eye: he says
bird milk, sperm

sliding from the word
of himself. For the eye
is evanescent,
clings only to what is, no more here

or less there, but everywhere, every

thing. He memorizes
none of it. Nor does he write

anything down. He abstains
from the heart

of living things. He waits.

And if he begins, he will end,
as if his eye had opened in the mouth

of a bird, as if he had never begun

Obituário no tempo presente

Para ele é tudo a mesma coisa —
onde começa

e onde acaba. Clara de ovo, seu olho
claro: diz
leite de ave, esperma

escorrendo da palavra
dele mesmo. Pois o olho
é evanescente,
agarra-se só ao que é, não mais aqui

ou menos aqui, mas em toda parte, em todas

as coisas. Ele nada
memoriza. Nem anota

coisa alguma. Se abstém
do coração

das coisas vivas. Ele espera.

E se começa, acabará,
como se o olho tivesse aberto no bico

de um pássaro, como se jamais tivesse começado

to be anywhere. He speaks

from distances
no less far than these.

a ser em parte alguma. Ele fala

de distâncias
não menores do que estas.

Narrative

Because what happens will never happen,
and because what has happened
endlessly happens again,

we are as we were, everything
has changed in us, if we speak
of the world
it is only to leave the world

unsaid. Early winter: the yellow apples still
unfallen
in a naked tree, the tracks
of invisible deer

in the first snow, and then the snow
that does not stop. We repent
of nothing. As if we could stand
in this light. As if we could stand in the silence
of this single moment

of light.

Narrativa

Porque o que acontece jamais acontecerá,
e porque o que aconteceu
infinitamente acontece de novo,

somos como fomos, tudo
mudou em nós, se falamos
do mundo
é somente por deixar o mundo

por falar. Princípio de inverno: as maçãs amarelas ainda
por cair
numa árvore desnuda, os rastros
de invisíveis cervos

na primeira neve, e então a neve
que não cessa. De nada
nos arrependemos. Como se pudéssemos ficar
nessa luz. Como se pudéssemos ficar no silêncio
deste único momento

de luz.

S.A. 1911-1979

From loss. And from such loss
that marauds the mind—even to the loss

of mind. To begin with this thought: without rhyme

or reason. And then simply to wait. As if the first word
comes only after the last, after a life
of waiting for the word

that was lost. To say no more
than the truth of it: men die, the world fails, the words

have no meaning. And therefore to ask
only for words.

Stone wall. Stone heart. Flesh and blood.

As much as all this.
More.

S.A. 1911-1979

Da perda. E de uma tal perda
que saqueia a mente — até a perda

da mente. Começar com essa ideia: sem rima

ou solução. Então simplesmente esperar. Como se a
[primeira palavra
só viesse depois da última, depois de uma vida
à espera da palavra

que se perdeu. Dizer nada além
da verdade da coisa: os homens morrem, a palavra falha,
[as palavras

não têm sentido. E portanto pedir
apenas palavras.

Muro de pedra. Peito de pedra. Carne e sangue.

Tanto quanto tudo isso.
Mais.

Search for a Definition

(On Seeing a Painting by Bradley Walker Tomlin)

Always the smallest act

possible
in this time of acts

larger than life, a gesture
toward the thing that passes

almost unseen. A small wind

disturbing a bonfire, for example,
which I found the other day
by accident

on a museum wall. Almost nothing
is there: a few wisps
of white

thrown idly against the pure black
background, no more
than a small gesture
trying to be nothing

more than itself. And yet
it is not here
and to my eyes will never become

Busca de uma definição

(*Ao ver uma pintura de Bradley Walker Tomlin*)

Sempre o menor ato

possível
nesta era de atos

maiores que a vida, um gesto
para a coisa que passa

quase invisível. Um vento pouco

perturbando uma fogueira, por exemplo,
que encontrei um dia desses
por acaso

na parede de um museu. Quase nada
há lá: uns punhados
de branco

jogados à toa contra puro preto
no fundo, nada além
de um pequeno gesto
que tenta ser nada além

do que é. E no entanto
não está aqui
e a meus olhos jamais será

a question
of trying to simplify
the world, but a way of looking for a place
to enter the world, a way of being
present
among the things
that do not want us—but which we need
to the same measure that we need
ourselves. Only a moment before
the beautiful
woman
who stood beside me
had been saying how much she wanted
a child
and how time was beginning
to run out on her. We said
we must each write a poem
using the words "a small
wind

disturbing a bonfire". Since that time
nothing

has meant more than the small
act
present in these words, the act
of trying to speak

words

questão
de tentar simplificar
o mundo, mas uma forma de buscar um lugar
por onde entrar no mundo, uma forma de estar
presente
entre as coisas
que não nos querem — mas de que precisamos
na mesma medida em que precisamos
de nós mesmos. Só um segundo antes
a linda
mulher
que estava a meu lado
estava dizendo quanto queria
um filho
e quanto o tempo começava
a acabar para ela. Dissemos
que tínhamos de escrever cada um um poema
que usasse as palavras "um vento
pouco

perturbando uma fogueira". Desde então
nada

significou mais que o pequeno
ato
presente nessas palavras, o ato
de tentar dizer

palavras

that mean almost nothing. To the very end
I want to be equal

to whatever it is
my eye will bring me, as if
I might finally see myself

let go
in the nearly invisible
things

that carry us along with ourselves and all
the unborn children

into the world.

que significam também nada. Até o fim
quero ser igual

ao que quer que seja
que meu olho me trará, como se
pudesse finalmente me ver

deixando-me ir
nas quase invisíveis
coisas

que nos levam conosco e com todas
as crianças por nascer

para o mundo.

Between the Lines

Stone-pillowed, the ways
of remoteness. And written in your palm,
the road.

Home, then, is not home
but the distance between
blessed
and unblessed. And whoever puts himself
into the skin
of his brother, will know
what sorrow is
to the seventh year
beyond the seventh year
of the seventh year.

And divide his children in half.

And wrestle in darkness
with an angel.

Entrelinhas

Repousando em pedra, os caminhos
do afastamento. E escrita em tua mão,
a estrada.

A casa, então, não é o lar
mas a distância entre
bem-aventurado
e mal-aventurado. E quem se puser
na pele
de seu irmão saberá
o que é a dor
até o sétimo ano
além do sétimo ano
do sétimo ano.

E partir seus filhos ao meio.

E lutar nas trevas
contra um anjo.

In Memory of Myself

Simply to have stopped.

As if I could begin
where my voice has stopped, myself
the sound of a word

I cannot speak.

So much silence
to be brought to life
in this pensive flesh, the beating
drum of words
within, so many words

lost in the wide world
within me, and thereby to have known
that in spite of myself

I am here.

As if this were the world.

Em memória de mim

Simplesmente ter parado.

Como se pudesse começar
onde parou minha voz, sendo eu mesmo
o som de uma palavra

que não posso falar.

Tanto silêncio
a ser trazido à luz
nesta carne pensativa, o rufar
do tambor das palavras
de dentro, tantas palavras

perdidas no vasto mundo
dentro de mim, e assim ter sabido
que apesar de mim

estou aqui.

Como se isto fosse o mundo.

Bedrock

Dawn as an image
of dawn, and the very sky collapsing
into itself. Irreducible

image
of pure water, the pores of earth
exuding light: such yield

as only light will bring, and the very stones
undead

in the image of themselves.

The consolation of color.

Alicerce

A aurora como imagem
da aurora, e o próprio céu desabando
sobre si. Irredutível

imagem
de água pura, poros da terra
exsudando luz: uma safra

que só a luz trará, e até as pedras
mortas-vivas

na imagem de si próprias.

O consolo da cor.

Facing the Music

Blue. And within that blue a feeling
of green, the gray blocks of clouds
buttressed against air, as if
in the idea of rain
the eye
could master the speech
of any given moment

on earth. Call it the sky. And so
to describe
whatever it is
we see, as if it were nothing
but the idea
of something we had lost
within. For we can begin
to remember

the hard earth, the flint
reflecting stars, the undulating
oaks set loose
by the heaving of air, and so down
to the least seed, revealing what grows
above us, as if
because of this blue there could be
this green

Encarando a música

Azul. E nesse azul sensação
de verde, tijolos cinza das nuvens
em contraforte contra o ar, como se
na ideia da chuva
o olho
dominasse a fala
de qualquer momento

na terra. Dizer céu. E assim
descrever
seja o que for
que vemos, como se não fosse nada
além da ideia
de algo que perdemos
dentro. Pois podemos começar
a lembrar

a terra dura, pederneira
que reflete os astros, carvalhos
ondulantes libertados
pelo arfar do ar, e assim até
a menor das sementes, revelando o que cresce
sobre nós, como se
por causa desse azul pudesse haver
esse verde

that spreads, myriad
and miraculous
in this, the most silent
moment of summer. Seeds
speak of this juncture, define
where the air and the earth erupt
in this profusion of chance, the random
forces of our own lack
of knowing what it is
we see, and merely to speak of it
is to see
how words fail us, how nothing comes right
in the saying of it, not even these words
I am moved to speak
in the name of this blue
and green
that vanish into the air
of summer.

                         Impossible
to hear it anymore. The tongue
is forever taking us away
from where we are, and nowhere
can we be at rest
in the things we are given
to see, for each word
is an elsewhere, a thing that moves
more quickly than the eye, even
as this sparrow moves, veering
into the air

que se espalha, múltiplo
e miraculoso
por este, o mais quedo
momento do verão. Sementes
dizem esta conjuntura, definem
onde o ar e a terra irrompem
nesta profusão de acasos, aleatórias
forças de nossa falta
de saber o que é o
que vemos, e meramente falar disso
é ver
como as palavras nos falham, como nada sai bem
no dizê-lo, nem estas palavras
que sou levado a dizer
em nome desse azul
e verde
que somem no ar
do verão.

        Impossível
ouvir agora. A língua
para sempre nos afasta
de onde estamos, e em lugar nenhum
podemos repousar
nas coisas que nos é dado
ver, pois cada palavra
é outro lugar, coisa que se move mais
rápido que o olho, até
como se move este pardal, desviando
para o ar

in which it has no home. I believe, then,
in nothing

these words might give you, and still
I can feel them
speaking through me, as if
this alone
is what I desire, this blue
and this green, and to say
how this blue
has become for me the essence
of this green, and more than the pure
seeing of it, I want you to feel
this word
that has lived inside me
all day long, this
desire for nothing

but the day itself, and how it has grown
inside my eyes, stronger
than the word it is made of, as if
there could never be another word

that would hold me
without breaking.

em que não tem lar. Acredito, então,
em nada

que estas palavras possam te dar, e ainda assim
posso senti-las
falando através de mim, como se
só isso
fosse o que desejo, esse azul
e esse verde, e dizer
como esse azul
tornou-se para mim a essência
desse verde, e mais que o puro
vê-la, quero que sintas
essa palavra
que viveu dentro de mim
o dia todo, esse
desejo de nada

além do próprio dia, e como cresceu
dentro de meus olhos, mais forte
que a palavra de que é feito, como se
jamais pudesse haver outra palavra

que me sustentasse
sem partir.

1979

ESPAÇOS EM BRANCO

WHITE SPACES

Something happens, and from the moment it begins to happen, nothing can ever be the same again.

Something happens. Or else, something does not happen. A body moves. Or else, it does not move. And if it moves, something begins to happen. And even if it does not move, something begins to happen.

It comes from my voice. But that does not mean these words will ever be what happens. It comes and goes. If I happen to be speaking at this moment, it is only because I hope to find a way of going along, of running parallel to everything else that is going along, and so begin to find a way of filling the silence without breaking it.

I ask whoever is listening to this voice to forget the words it is speaking. It is important that no one listen too carefully. I want these words to vanish, so to speak, into the silence they came from, and for nothing to remain but a memory of their presence, a token of the fact that they were once here and are here no longer and that during their brief life they seemed not so much to be saying any particular thing as to be the thing that was happening at the same time a certain body was moving in a certain space, that they moved along with everything else that moved.

Algo acontece, e a partir do momento em que começa a acontecer, nada poderá voltar a ser como era.

Algo acontece. Ou melhor, algo não acontece. Um corpo se move. Ou melhor, não se move. E se acaso se move, alguma coisa começa a acontecer. E mesmo que não se mova, algo começa a acontecer.

Vem de minha voz. Mas isso não significa que essas palavras jamais virão a ser o que acontece. Vem e vai. Se por acaso estou falando neste momento, é só porque espero achar uma forma de ir junto, de correr em paralelo a tudo mais que está indo junto, e assim começar a achar uma forma de preencher o silêncio sem parti-lo.

Peço a quem quer que esteja ouvindo esta voz que esqueça as palavras que ela diz. É importante que ninguém ouça com muita atenção. Quero que essas palavras sumam, por assim dizer, no silêncio de onde vieram, e que nada reste além da lembrança de sua presença, penhor do fato de que um dia estiveram aqui e não estão mais aqui e de que durante sua breve vida elas pareceram não tanto estar dizendo qualquer coisa em particular quanto ser a coisa que estava acontecendo ao mesmo tempo em que um certo corpo se movia por um certo espaço, que se moviam junto com tudo mais que se movia.

Something begins, and already it is no longer the beginning, but something else, propelling us into the heart of the thing that is happening. If we were suddenly to stop and ask ourselves, "Where are we going?", or "Where are we now?", we would be lost, for at each moment we are no longer where we were, but have left ourselves behind, irrevocably, in a past that has no memory, a past endlessly obliterated by a motion that carries us into the present.

It will not do, then, to ask questions. For this is a landscape of random impulse, of knowledge for its own sake—which is to say, a knowledge that exists, that comes into being beyond any possibility of putting it into words. And if just this once we were to abandon ourselves to the supreme indifference of simply being wherever we happen to be, then perhaps we would not be deluding ourselves into thinking that we, too, had at last become a part of it all.

To think of motion not merely as a function of the body but as an extension of the mind. In the same way, to think of speech not as an extension of the mind but as a function of the body. Sounds emerge from the voice to enter the air and surround and bounce off and enter the body that occupies that air, and though they cannot be seen, these sounds are no less a gesture than a hand is when outstretched in the air towards another hand, and in this gesture can be read the entire alphabet of desire, the body's need to be taken beyond itself, even as it dwells in the sphere of its own motion.

Algo começa, e já não mais é o começo, mas outra coisa, que nos impele ao coração da coisa que acontece. Se súbito parássemos e nos perguntássemos, "Aonde estamos indo?", ou "Onde estamos agora?", estaríamos perdidos, pois a cada momento não estamos mais onde estivemos, mas nos deixamos para trás, irrevogavelmente, num passado que não tem memória, um passado infinitamente obliterado por uma noção que nos transporta ao presente.

Não funciona, então, fazer perguntas. Pois esta é uma paisagem de impulsos aleatórios, de conhecimento pelo conhecimento — ou seja, um conhecimento que existe, que vem à luz além de qualquer possibilidade de o colocarmos em palavras. E se apenas desta vez nos abandonássemos à suprema indiferença de simplesmente estarmos onde quer que por acaso estivéssemos, aí talvez não ficássemos nos iludindo e pensando que nós, também, tínhamos finalmente virado uma parte de tudo.

Pensar no movimento não meramente como função do corpo mas como extensão da mente. Da mesma maneira, pensar na fala não como extensão da mente mas como função do corpo. Sons emergem da voz para penetrar o ar e cercar e ecoar e penetrar no corpo que ocupa o ar, e embora não possam ser vistos, esses sons não são menos um gesto do que é uma mão quando se estende no ar para outra mão, e nesse gesto pode-se ler todo o alfabeto do desejo, a necessidade do corpo de ser levado para além de si próprio, mesmo enquanto reside na esfera de seu próprio movimento.

On the surface, this motion seems to be random. But such randomness does not, in itself, preclude a meaning. Or if meaning is not quite the word for it, then say the drift, or a consistent sense of what is happening, even as it changes, moment by moment. To describe it in all its details is probably not impossible. But so many words would be needed, so many streams of syllables, sentences, and subordinate clauses, that the words would always lag behind what was happening, and long after all motion had stopped and each of its witnesses had dispersed, the voice describing that motion would still be speaking, alone, heard by no one, deep into the silence and darkness of these four walls. And yet something is happening, and in spite of myself I want to be present inside the space of this moment, of these moments, and to say something, even though it will be forgotten, that will form a part of this journey for the length of the time it endures.

In the realm of the naked eye nothing happens that does not have its beginning and its end. And yet nowhere can we find the place or the moment at which we can say, beyond a shadow of a doubt, that this is where it begins, or this is where it ends. For some of us, it has begun before the beginning, and for others of us it will go on happening after the end. Where to find it? Don't look. Either it is here or it is not here. And whoever tries to find refuge in any one place, in any one moment, will never be where he thinks he is. In other words, say your good-byes. It is never too late. It is always too late.

Superficialmente, esse movimento parece aleatório. Mas tal aleatoriedade, por si própria, não exclui a possibilidade de um significado. Ou se significado não é bem a palavra certa, então digamos deriva, ou uma consistente sensação do que está acontecendo, ainda enquanto muda, a cada momento. Descrevê-lo em todos os seus detalhes provavelmente não é impossível. Mas tantas palavras seriam necessárias, tantos ribeiros de sílabas, sentenças e frases e orações subordinadas, que as palavras sempre ficariam para trás do que estava acontecendo, e bem depois de ter cessado todo o movimento e de cada uma de suas testemunhas ter se afastado dali, a voz que descreve aquele movimento estaria ainda falando, só, ouvida por ninguém, no fundo do silêncio e das trevas destas quatro paredes. E no entanto algo está acontecendo, e contra minha vontade eu quero me apresentar dentro do espaço deste momento, destes momentos, e dizer alguma coisa, mesmo que seja esquecida, que fará parte desta jornada pelo tempo que ela dure.

No reino do olho nu nada acontece que não tenha seu começo e seu fim. E no entanto em lugar nenhum podemos encontrar o lugar ou o momento em que podemos dizer, sem sombra de dúvida, que é aqui que começa, ou é aqui que acaba. Para alguns de nós, começou antes do começo, e para outros de nós vai continuar acontecendo depois do fim. Onde encontrar? Não procure. Ou está ou não está ali. E quem quer que tente encontrar refúgio naquele único lugar, naquele único momento, jamais estará onde acha que está. Em outras palavras, diga seu adeus. Nunca é tarde demais. Sempre é tarde demais.

To say the simplest thing possible. To go no farther than whatever it is I happen to find before me. To begin with this landscape, for example. Or even to note the things that are most near, as if in the tiny world before my eyes I might find an image of the life that exists beyond me, as if in a way I do not fully understand each thing in my life were connected to every other thing, which in turn connected me to the world at large, the endless world that looms up in the mind, as lethal and unknowable as desire itself.

To put it another way. It is sometimes necessary not to name the thing we are talking about. The invisible God of the Hebrews, for example, had an unpronounceable name, and each of the ninety-nine names tradition ascribes to this God was in fact nothing more than a way of acknowledging that-which-cannot-be--spoken, that-which-cannot-be-seen, and that-which-cannot-be--understood. But even on a less exalted plane, in the realm of the visible itself, we often hold back from divulging the thing we are talking about. Consider the word "it." "It" is raining, we say, or how is "it" going? We feel we know what we are saying, and what we mean to say is that it, the word "it," stands for something that need not be said, or something that cannot be said. But if the thing we say is something that eludes us, something we do not understand, how can we persist in saying that we understand what we are saying? And yet it goes without saying that we do. The "it," for example, in the preceding sentence, "it goes without saying," is in fact nothing less than whatever it is that propels us into the act of speech itself. And if it, the word "it," is what con-

Dizer a coisa mais simples possível. Não ir mais longe que o que quer que seja que eu por acaso veja diante de mim. Começar com essa paisagem, por exemplo. Ou até perceber as coisas que estão mais próximas, como se no minúsculo mundo diante de meus olhos eu pudesse encontrar uma imagem da vida que existe além de mim, como se de uma maneira que eu não compreendo plenamente cada coisa de minha vida estivesse conectada a todas as outras, que por sua vez me conectam ao mundo em torno, o infinito mundo que se ergue na mente, tão letal e incognoscível quanto o próprio desejo.

Para dizer em outras palavras. Às vezes é necessário não dar nome à coisa de que falamos. O Deus invisível dos hebreus, por exemplo, tinha um nome inefável, e cada um dos noventa e nove nomes que a tradição atribui a esse Deus na verdade era apenas uma forma de reconhecer o-que-não-pode-ser-dito, o-que-não-pode-ser-visto, o-que--não-pode-ser-compreendido. Mas mesmo num plano menos exaltado, no reino do eu visível, muitas vezes sonegamos divulgar a coisa de que falamos. Considere os sujeitos ausentes. Está chovendo, nós dizemos, ou como é que vai? Sentimos que sabemos o que estamos dizendo, e o que queremos dizer é que aquilo, a palavra ausente, representa algo que não precisa ser dito, ou que não pode ser dito. Mas se a coisa que dizemos é algo que nos escapa, algo que não compreendemos, como podemos persistir em dizer que compreendemos o que dizemos? E no entanto vai sem dizer que compreendemos. A ausência, por exemplo, na expressão anterior, "vai sem dizer", na verdade é

*tinually recurs in any effort to define it, then it must be accepted
as the given, the precondition of the saying of it. It has been said,
for example, that words falsify the thing they attempt to say, but
even to say "they falsify" is to admit that "they falsify" is true,
thus betraying an implicit faith in the power of words to say what
they mean to say. And yet, when we speak, we often do not mean
to say anything, as in the present case, in which I find these words
falling from my mouth and vanishing into the silence they came
from. In other words, it says itself, and our mouths are merely the
instruments of the saying of it. How does it happen? But never do
we ask what "it" happens to be. We know, even if we cannot put it
into words. And the feeling that remains within us, the discretion
of a knowledge so fully in tune with the world, has no need of
whatever it is that might fall from our mouths. Our hearts know
what is in them, even if our mouths remain silent. And the world
will know what it is, even when nothing remains in our hearts.*

*A man sets out on a journey to a place he has never been before.
Another man comes back. A man comes to a place that has no
name, that has no landmarks to tell him where he is. Another
man decides to come back. A man writes letters from nowhere,
from the white space that has opened up in his mind. The letters
are never received. The letters are never sent. Another man sets
out on a journey in search of the first man. This second man beco-
mes more and more like the first man, until he, too, is swallowed*

nada mais que o que quer que seja que nos impele ao próprio ato da fala. E se ela, aquela palavra ausente, é o que continuamente recorre em meus esforços para defini-la, então deve-se aceitá-la como premissa, precondição do ato de dizê-la. Já se disse, por exemplo, que as palavras falsificam a coisa que intentam dizer, mas até dizer "falsificam" é admitir que "falsificam" é verdade, traindo assim uma fé implícita no poder das palavras de dizer o que querem dizer. E, no entanto, quando falamos, muitas vezes não queremos dizer nada, como agora, quando vejo essas palavras me caírem da boca e sumirem no silêncio de onde vieram. Em outras palavras, a ausência se fala sozinha, e nossa boca é meramente o instrumento de sua enunciação. Como acontece? Mas nunca perguntamos o que venha a ser. Sabemos, mesmo que não possamos dizer com todas as palavras. E a sensação que permanece conosco, a discrição de um conhecimento tão plenamente sintonizado com o mundo, não precisa de nada que possa cair de nossa boca. Nosso coração sabe o que há nela, mesmo que a boca reste calada. E o mundo vai saber o que é, mesmo quando nada reste em nosso peito.

Um homem parte numa jornada rumo a um lugar onde jamais esteve. Outro homem volta. Um homem chega a um lugar que não tem nome, que não tem marcos que lhe digam onde está. Outro homem decide voltar. Um homem escreve cartas de lugar nenhum, vindas do espaço em branco que se abriu em sua mente. As cartas jamais são recebidas. As cartas jamais são enviadas. Outro homem parte numa jornada em busca do primeiro homem. Esse

up by the whiteness. A third man sets out on a journey with no hope of ever getting anywhere. He wanders. He continues to wander. For as long as he remains in the realm of the naked eye, he continues to wander.

I remain in the room in which I am writing this. I put one foot in front of the other. I put one word in front of the other, and for each step I take I add another word, as if for each word to be spoken there were another space to be crossed, a distance to be filled by my body as it moves through this space. It is a journey through space, even if I get nowhere, even if I end up in the same place I started. It is a journey through space, as if into many cities and out of them, as if across deserts, as if to the edge of some imaginary ocean, where each thought drowns in the relentless waves of the real.

I put one foot in front of the other, and then I put the other foot in front of the first, which has now become the other and which will again become the first. I walk within these four walls, and for as long as I am here I can go anywhere I like. I can go from one end of the room to the other and touch any of the four walls, or even all the walls, one after the other, exactly as I like. If the spirit moves me, I can stand in the center of the room. If the spirit moves me in another direction, I can stand in any one of the four corners. Sometimes I touch one of the four corners and in this way bring myself into contact with two walls at the same time. Now and then

segundo homem fica cada vez mais parecido com o primeiro homem, até que ele, também, é engolido pela brancura. Um terceiro homem parte numa jornada sem qualquer esperança de chegar a algum lugar. Vagueia. Continua a vaguear. Enquanto permanece no reino do olho nu, continua a vaguear.

Permaneço no quarto em que estou escrevendo estas palavras. Ponho um pé na frente do outro. Ponho uma palavra na frente da outra, e para cada passo que dou acrescento outra palavra, como se para cada palavra a ser dita aqui houvesse outro espaço por atravessar, uma distância que meu corpo devesse preencher no que se move por este espaço. É uma jornada através do espaço, mesmo que eu não vá a lugar algum, mesmo que termine no mesmo lugar de onde parti. É uma jornada através do espaço, como que entrando e saindo de várias cidades, como que cruzando desertos, como que até a borda de algum oceano imaginário, onde cada ideia se afogue nas implacáveis ondas do real.

Ponho um pé na frente do outro, e aí ponho o outro pé na frente do primeiro, que agora tornou-se o outro e que vai de novo tornar-se o primeiro. Caminho entre essas quatro paredes, e enquanto estou aqui posso ir aonde quiser. Posso ir de um extremo ao outro do quarto e tocar qualquer uma das quatro paredes, ou até todas as paredes, uma depois da outra, exatamente como quiser. Se o espírito me mover, posso parar no centro do quarto. Se o espírito me mover em outra direção, posso parar em qualquer dos quatro cantos. Às vezes toco um dos quatro cantos e

I let my eyes roam up to the ceiling, and when I am particularly exhausted by my efforts there is always the floor to welcome my body. The light, streaming through the windows, never casts the same shadow twice, and at any given moment I feel myself on the brink of discovering some terrible, unimagined truth. These are moments of great happiness for me.

Somewhere, as if unseen, and yet closer to us than we realize (down the street, for example, or in the next neighborhood), someone is being born. Somewhere else, a car is speeding along an empty highway in the middle of the night. In that same night, a man is hammering a nail into a board. We know nothing about any of this. A seed stirs invisibly in the earth, and we know nothing about it. Flowers wilt, buildings go up, children cry. And yet, for all that, we know nothing.

It happens, and as it continues to happen, we forget where we were when we began. Later, when we have traveled from this moment as far as we have traveled from the beginning, we will forget where we are now. Eventually, we will all go home, and if there are those among us who do not have a home, it is certain, nevertheless, that they will leave this place to go wherever it is they must. If nothing else, life has taught us all this one thing: whoever is here now will not be here later.

I dedicate these words to the things in life I do not understand, to

assim me ponho em contato com duas paredes ao mesmo tempo. Vez por outra deixo meus olhos vagarem até o teto, e quando estou particularmente exausto por causa de meus esforços sempre resta o chão para acolher meu corpo. A luz, que vaza das janelas, nunca projeta duas vezes a mesma sombra, e a cada momento eu me sinto à beira de descobrir alguma verdade terrível, inimaginável. São momentos de grande felicidade para mim.

Em algum lugar, como que despercebido, e no entanto mais perto de nós do que percebemos (na outra esquina, por exemplo, ou no outro bairro), alguém está nascendo. Em algum outro lugar, um carro está acelerando por uma rua vazia no meio da noite. Naquela mesma noite, um homem martela um prego numa tábua. Nada sabemos de tudo isso. Uma semente se estira invisível na terra, e nada sabemos dela. Flores fenecem, prédios sobem, crianças choram. E no entanto, apesar de tudo, nada sabemos.

Acontece, e enquanto continua acontecendo, esquecemos onde estávamos quando começamos. Mais tarde, quando tivermos viajado deste momento até aonde viajamos desde o começo, vamos esquecer onde estamos agora. Por fim, iremos todos para casa, e se há entre nós aqueles que não têm casa, é seguro, contudo, que sairão deste lugar para ir aonde quer que tenham de ir. No mínimo, a vida nos ensinou uma única coisa: quem quer que agora esteja aqui mais tarde não estará aqui.

Dedico estas palavras às coisas da vida que não compreen-

each thing passing away before my eyes. I dedicate these words to the impossibility of finding a word equal to the silence inside me.

In the beginning, I wanted to speak of arms and legs, of jumping up and down, of bodies tumbling and spinning, of enormous journeys through space, of cities, of deserts, of mountain ranges stretching farther than the eye can see. Little by little, however, as these words began to impose themselves on me, the things I wanted to do seemed finally to be of no importance. Reluctantly, I abandoned all my witty stories, all my adventures of far-away places, and began, slowly and painfully, to empty my mind. Now emptiness is all that remains: a space, no matter how small, in which whatever is happening can be allowed to happen.

And no matter how small, each and every possibility remains. Even a motion reduced to an apparent absence of motion. A motion, for example, as minimal as breathing itself, the motion the body makes when inhaling and exhaling air. In a book I once read by Peter Freuchen, the famous Arctic explorer describes being trapped by a blizzard in northern Greenland. Alone, his supplies dwindling, he decided to build an igloo and wait out the storm. Many days passed. Afraid, above all, that he would be attacked by wolves—for he heard them prowling hungrily on the roof of his igloo—he would periodically step outside and sing at the top of his lungs in order to frighten them away. But the wind was blowing fiercely, and no matter how hard he sang, the only thing he could hear was the wind. If this was a serious problem, howe-

do, a todas as coisas que desaparecem diante de meus olhos. Dedico estas palavras à impossibilidade de achar uma palavra igual ao silêncio dentro de mim.

No começo, queria falar de meus braços e pernas, de saltitar, de corpos trombando e girando, gigantes jornadas através do espaço, de cidades, de desertos, de cadeias de montanhas que se estendem até além de onde a vista alcança. Mas pouco a pouco, na medida em que essas palavras começaram a se impor a mim, as coisas que quis fazer acabaram parecendo desimportantes. Relutante, abandonei todas as minhas histórias espirituosas, todas as minhas aventuras de lugares distantes, e comecei, lenta e dolorosamente, a esvaziar a mente. Agora só resta o vazio: um espaço, por mais que pequeno, em que tudo que está acontecendo pode ter o direito de acontecer.

E por mais que seja pequena, toda e qualquer possibilidade permanece. Até um movimento reduzido à aparente ausência de movimento. Um movimento, por exemplo, tão mínimo quanto a própria respiração, o movimento que o corpo faz quando inala e exala o ar. Num livro de Peter Freuchen que eu li uma vez, o famoso explorador do Ártico descreve como ficou preso numa nevasca no norte da Groenlândia. Sozinho, com os mantimentos chegando ao fim, ele decidiu construir um iglu e esperar que a tormenta passasse. Muitos dias se passaram. Com medo, acima de tudo, de ser atacado por lobos — pois ele os ouvia se esgueirar famintos sobre o teto do iglu — ele periodicamente saía e cantava a plenos pulmões para espantá-los.

ver, the problem of the igloo itself was much greater. For Freuchen began to notice that the walls of his little shelter were gradually closing in on him. Because of the particular weather conditions outside, his breath was literally freezing to the walls, and with each breath the walls became that much thicker, the igloo became that much smaller, until eventually there was almost no room left for his body. It is surely a frightening thing, to imagine breathing yourself into a coffin of ice, and to my mind considerably more compelling than, say, The Pit and the Pendulum *by Poe. For in this case it is the man himself who is the agent of his own destruction, and further, the instrument of that destruction is the very thing he needs to keep himself alive. For surely a man cannot live if he does not breathe. But at the same time, he will not live if he does breathe. Curiously, I do not remember how Freuchen managed to escape his predicament. But needless to say, he did escape. The title of the book, if I recall, is* Arctic Adventure. *It has been out of print for many years.*

Nothing happens. And still, it is not nothing. To invoke things that have never happened is noble, but how much sweeter to remain in the realm of the naked eye.

It comes down to this: that everything should count, that everything should be a part of it, even the things I do not or cannot understand. The desire, for example, to destroy everything I have written so far. Not from any revulsion at the inadequacy of these words

Mas o vento soprava furioso, e por mais que cantasse alto, a única coisa que ele ouvia era o vento. Mas se esse era um grande problema, o problema do iglu era muito maior. Pois Freuchen começou a perceber que as paredes de seu minúsculo abrigo estavam gradualmente se fechando sobre ele. Por causa das condições particulares do tempo lá fora, a respiração dele estava literalmente congelando nas paredes, e com cada exalação as paredes ficavam mais espessas, o iglu ficava menor, até que por fim mal havia espaço para o corpo dele. É certamente coisa assustadora, a ideia de que a sua respiração possa trancar você num caixão de gelo, e para mim é coisa consideravelmente mais convincente que, digamos, *O poço e o pêndulo*, de Poe. Pois neste caso é o próprio homem que é o agente de sua destruição, e mais ainda, o instrumento daquela destruição é exatamente aquilo de que ele necessita para se manter vivo. Pois é certo que um homem não pode viver se não respirar. Curiosamente, eu não lembro como Freuchen conseguiu escapar dessa dificuldade. Mas é desnecessário dizer que ele escapou. O título do livro, se bem me lembro, é *Arctic Adventure*. Está há muitos anos fora de catálogo.

Nada acontece. E ainda assim, não é nada. Invocar coisas que nunca aconteceram é nobre, mas como é mais doce permanecer no reino do olho nu.

Resume-se a isso: que tudo deve contar, que tudo deve fazer parte, até as coisas que não compreendo ou não posso compreender. O desejo, por exemplo, de destruir tudo que escrevi até aqui. Não por qualquer asco diante da inade-

(although that remains a distinct possibility), but rather from the need to remind myself, at each moment, that things do not have to happen this way, that there is always another way, neither better nor worse, in which things might take shape. I realize in the end that I am probably powerless to affect the outcome of even the least thing that happens, but nevertheless, and in spite of myself, as if in an act of blind faith, I want to assume full responsibility. And therefore this desire, this overwhelming need, to take these papers and scatter them across the room. Or else, to go on. Or else, to begin again. Or else, to go on, as if each moment were the beginning, as if each word were the beginning of another silence, another word more silent than the last.

A few scraps of paper. A last cigarette before turning in. The snow falling endlessly in the winter night. To remain in the realm of the naked eye, as happy as I am at this moment. And if this is too much to ask, then to be granted the memory of it, a way of returning to it in the darkness of the night that will surely engulf me again. Never to be anywhere but here. And the immense journey through space that continues. Everywhere, as if each place were here. And the snow falling endlessly in the winter night.

quação destas palavras (embora essa continue sendo uma possibilidade muito clara), mas mais por causa da necessidade de me fazer lembrar, a cada momento, que as coisas não têm que acontecer assim, que há sempre outra maneira, nem melhor nem pior, em que as coisas podem tomar forma. Percebo no fim que sou provavelmente impotente para afetar o resultado até da coisa mais insignificante que acontece, mas mesmo assim, e apesar de mim mesmo, como se num ato de fé cega, quero assumir total responsabilidade. E daí este desejo, esta esmagadora necessidade, de pegar estas páginas e espalhá-las pelo quarto. Ou, ainda, de continuar. Ou, ainda, de começar de novo. Ou, ainda, de continuar, como se cada momento fosse o começo, como se cada palavra fosse o começo de outro silêncio, outra palavra mais calada que a última.

Uns poucos pedaços de papel. Um último cigarro antes de ir deitar. A neve caindo infinita na noite de inverno. Permanecer no reino do olho nu, feliz como estou neste exato momento. E se isso é pedir demais, que me seja concedida a lembrança, uma forma de voltar até aqui no escuro da noite que seguramente vai me engolfar novamente. Nunca estar em qualquer outro lugar que não aqui. E a imensa jornada através do espaço que prossegue. Em toda parte, como se cada lugar fosse aqui. E a neve caindo infinita na noite de inverno.

1967

ANOTAÇÕES DE UM
CADERNO DE RASCUNHOS

NOTES FROM A
COMPOSITION BOOK

1.

The world is in my head. My body is in the world.

2.

The world is my idea. I am the world. The world is your idea. You are the world. My world and your world are not the same.

3.

There is no world except the human world. (By human *I mean everything that can be seen, felt, heard, thought, and imagined.)*

4.

The world has no objective existence. It exists only insofar as we are able to perceive it. And our perceptions are necessarily limited. Which means that the world has a limit, that it stops somewhere. But where it stops for me is not necessarily where it stops for you.

1.

O mundo está em minha cabeça. Meu corpo está no mundo.

2.

O mundo é minha ideia. Eu sou o mundo. O mundo é sua
[ideia.
Você é o mundo. Meu mundo e seu mundo não são o mes-
[mo.

3.

Não há outro mundo que não o mundo humano. (Com
humano eu quero dizer tudo que pode ser visto, sentido,
ouvido e imaginado.)

4.

O mundo não tem existência objetiva. Ele existe apenas
na medida em que somos capazes de percebê-lo. E nossas
percepções são necessariamente limitadas. O que quer di-
zer que o mundo tem um limite, que ele para em algum

5.

No theory of art (if it is possible) can be divorced from a theory of human perception.

6.

But not only are our perceptions limited, language (our means of expressing those perceptions) is also limited.

7.

Language is not experience. It is a means of organizing experience.

8.

What, then, is the experience of language? It gives us the world and takes it away from us. In the same breath.

ponto. Mas o ponto em que para para mim não é necessariamente o ponto em que para para você.

5.

Nenhuma teoria da arte (se for possível) pode ser divorciada de uma teoria da percepção humana.

6.

Mas não apenas nossas percepções são limitadas, a linguagem (nosso meio de expressar aquelas percepções) é também limitada.

7.

A linguagem não é experiência. É um meio de organizar a experiência.

8.

Qual é então a experiência da linguagem? Ela nos dá o mundo e o tira de nós. No mesmo sopro.

9.

The fall of man is not a question of sin, transgression, or moral turpitude. It is a question of language conquering experience: the fall of the world into the word, experience descending from the eye to the mouth. A distance of about three inches.

10.

The eye sees the world in flux. The word is an attempt to arrest the flow, to stabilize it. And yet we persist in trying to translate experience into language. Hence poetry, hence the utterances of daily life. This is the faith that prevents universal despair—and also causes it.

11.

Art is the mirror of man's wit *(Marlowe). The mirror image is apt—and breakable. Shatter the mirror and rearrange the pieces. The result will still be a reflection of something. Any combination is possible, any number of pieces may be left out. The only requirement is that at least one fragment remain. In* Hamlet, *holding the mirror up to nature amounts to the same thing as Marlowe's formulation—once the above arguments have been understood. For all things in nature are human, even if nature itself is not. (We could not exist if the world were not our idea.) In other words, no matter what the circumstances (ancient or modern, Classical*

9.

A queda do homem não é uma questão de pecado, transgressão, ou depravação moral. É uma questão de a linguagem conquistar a experiência: a queda do mundo no verbo, a experiência descendo do olho para a boca. Uma distância de cerca de sete centímetros.

10.

O olho vê o mundo em fluxo. A palavra é uma tentativa de deter o fluxo, de estabilizá-lo. E no entanto persistimos em tentar traduzir a experiência em linguagem. Daí a poesia, daí os enunciados da vida cotidiana. Essa é a fé que evita o desespero universal — e também o provoca.

11.

A arte é o *espelho do espírito do homem* (Marlowe). A imagem do espelho é adequada — e quebrável. Estilhace o espelho e reorganize os cacos. O resultado será ainda o reflexo de alguma coisa. Toda combinação é possível, qualquer quantidade de cacos pode ficar de fora. A única exigência é que reste pelo menos um fragmento. No *Hamlet*, estender um espelho à natureza representa o mesmo que a formulação de Marlowe — depois de terem sido compreendidos os argumentos acima. Pois tudo na natureza é humano, mesmo que a natureza em si mesma não seja. (Não poderíamos

or Romantic), art is a product of the human mind. (The human mimed.)

12.

Faith in the word is what I call Classical. Doubt in the word is what I call Romantic. The Classicist believes in the future. The Romantic knows that he will be disappointed, that his desires will never be fulfilled. For he believes that the world is ineffable, beyond the grasp of words.

13.

To feel estranged from language is to lose your own body. When words fail you, you dissolve into an image of nothingness. You disappear.

existir se o mundo fosse nossa ideia.) Em outras palavras, em quaisquer circunstâncias (antigas ou modernas, clássicas ou românticas), a arte é um produto da mente humana. (Mente, humano.)

12.

Fé no mundo é o que chamo de Clássico. Dúvida no mundo é o que chamo de Romântico. O Classicista acredita no futuro. O Romântico sabe que vai se decepcionar, que seus desejos jamais se realizarão. Pois ele acredita que o mundo é inefável, além do alcance das palavras.

13.

Sentir-se alheado da linguagem é perder o próprio corpo. Quando as palavras falham, você se dissolve numa imagem do nada. Você some.